Diese Publikation wurde

Gefördert durch die

DEUTSCHE STIFTUNG
DENKMALSCHUTZ

Christian Gruenler

DIE STALINBAUTEN STORY

Geschichte und Architektur des Ostberliner Prachtboulevards

BeBra Verlag

INHALT

VORBEMERKUNG

Der Name Stalin ruft bei uns heute Schrecken und Ablehnung hervor angesichts der Millionen von Folteropfern und des Massenmordes, den das Regimes des Diktators während seiner Regierungszeit von 1923 bis 1953 verschuldet hat. Es mag daher unangebracht, möglicherweise sogar empörend, erscheinen, den Gebäuden, die noch heute inoffiziell seinen Namen tragen, ein Buch zu widmen. In der Tat haben der BeBra Verlag und ich lange überlegt, ob man die Bezeichnung »Stalinbauten« vermeiden sollte. Aber historische Figuren werden durch das Verschweigen ihrer Namen nicht eliminiert und ihre Taten nicht ungeschehen gemacht. Zudem leitet sich der Name der Stalinbauten nicht direkt von der Person Stalin ab, sondern indirekt dadurch, dass die Straße, an der sie gebaut wurden, zur Bauzeit Stalinallee hieß. Wir haben uns deshalb für die Beibehaltung des Begriffs »Stalinbauten« entschieden und hoffen auf das Verständnis all derer, die unter dem Terrorregimes des Diktators in irgendeiner Weise zu leiden hatten.

Das Buch umfasst zwei Teile. Teil I gibt einen Überblick über die Historie der heutigen Karl-Marx-Alle und eines Teilstücks der Frankfurter Allee und erzählt die Baugeschichte der Straße chronologisch ab den 1950er Jahren.

Teil II nimmt Sie mit auf einen Spaziergang von der Ecke Niederbarnimstraße/Frankfurter Allee bis zum Alexanderplatz. Dabei werden die dort stehenden Bauten erläutert und der Blick immer wieder auf interessante, außergewöhnliche und unerwartete Details gelenkt.

Viel Spaß beim Lesen und Erkunden dieser auch heute noch besonderen Straße!

Christian Gruenler
Berlin, 2024

DB 93-29

HISTORISCHER ÜBERBLICK

DIE GESCHICHTE DER STRASSE VON BERLIN NACH FRANKFURT (ODER) BIS 1945

Historische Handelsroute nach Osten

Wahrscheinlich verbanden die heutige Karl-Marx- und die Frankfurter Allee schon vor vielen Jahrhunderten Berlin mit dem Osten des Landes und waren ein von Handelsreisenden genutzter Verkehrsweg. Es liegt nahe, dass die Straße nach Frankfurt (Oder) führte und von dort aus weiter nach Warschau und sogar Moskau.

In alten Stadtplänen aus den 1780er Jahren ist erstmals eine »Große Frankfurter Straße« verzeichnet, die sich entlang der heutigen Karl-Marx-Allee ungefähr vom Kino International bis zur Weberwiese erstreckte. Westlich davon und damit außerhalb der damaligen Zollmauer bestand ab 1708 eine Heerstraße, die von 1824 bis 1872 Frankfurter Chaussee hieß und 1872 in Frankfurter Allee umbenannt wurde.

Die Frankfurter Allee war schon immer der Beginn der Straße nach Frankfurt (Oder) …

Ungefähr an der Stelle des heutigen U-Bahnhofs Weberwiese stand ab 1716 das ursprünglich aus Holz gebaute und ab 1802 steinerne Frankfurter Tor, das Teil der

sogenannten Akzisemauer war. Das Tor wurde abgerissen, als in den späten 1860er Jahren die Zollmauer vollständig abgetragen wurde, da aufgrund des Bevölkerungswachstums immer mehr Randgemeinden ins Stadtgebiet eingegliedert wurden; die Mauern waren dabei hinderlich.

Von der Landstraße zur zentralen Straße durch ein Berliner Arbeiterviertel

Als Berlin noch Stadtmauern hatte, war die Gegend um die heutige Karl-Marx- und die Frankfurter Allee herum ländlich geprägt. Dort fanden Hinrichtungen statt, unter anderem wurde hier Michael Kohlhaas verurteilt und hingerichtet. Im 17. Jahrhundert wurde die mittelalterliche Stadtmauer abgerissen und sukzessive durch eine Festungsmauer ersetzt. Ab 1734 wurde auch diese Mauer geschleift und es folgte die sogenannte Zoll- und Akzisemauer weiter außerhalb. Diese Mauer hatte keine militärische Bedeutung mehr, sondern diente allein der Kontrolle des Personenverkehrs und des Handels.

Die Fläche, die die Zoll- und Akzisemauer umschloss, war sieben Mal so groß wie die Fläche, die innerhalb der alten Festungsmauer gelegen hatte. 1785 war die Einwohnerzahl auf 150.000 angewachsen, man brauchte also Platz. Weniger als 100 Jahre später, im Jahr 1877, wurde die Schwelle zur Millionenstadt überschritten.

Berlins Reichtum und Attraktivität ergaben sich im 19. Jahrhundert zunehmend aus den wuchernden Fabriken, die das Stadtbild insbesondere im Osten und Süden prägten und dort erhebliche Luftverschmutzung und andere Umweltschäden verursachten. Im Osten, unter an-

... und auch über Frankfurt (Oder) hinaus.

derem in der Gegend des heutigen Friedrichshain, schuf die Industrie (und hier vor allem die Textilindustrie) Tausende von Arbeitsplätzen und ließ in diesem Gebiet eine Arbeitersiedlung mit miserablen hygienischen Bedingungen und düsteren Hinterhöfen entstehen. Die Landflucht aus den Gebieten Ostpreußens führte in der zweiten Hälfte des 19. Jahrhunderts zu so chaotischen Zuständen, dass man ab etwa 1860 das Problem mit den sogenannten Mietskasernen zu lösen versuchte. Ein Plan der Stadtverwaltung von 1862 sah den Bau von Infrastruktur vor, die bis zu vier Millionen Menschen mit Kanalisation, Wasser, Verkehrswegen, Bahnlinien, Gas und Strom versorgen sollten. Diese Mietskasernen stellten daher für viele der Landflüchtlinge durchaus eine Verbesserung ihrer bisherigen Lebensumstände dar. Die Bebauung war sehr dicht in diesen Vierteln, auch in Friedrichshain. Meistens handelte es sich bei den Mietskasernen um fünf- oder sechsgeschossige Gebäude, sie hatten einen Innenhof mit einem Durchmesser von etwas mehr als fünf Metern und dies machte sie zu dunklen, engen Schächten. Die Wohnungen waren klein und mehrere Parteien teilten sich ein Bad und eine Toilette. In diesen Gebäuden herrschten vor allem deswegen so schlechte Umstände, weil sie mit zu vielen Menschen belegt waren, hinzu kamen die Auswirkungen der Umweltverschmutzung durch die nahegelegenen Fabriken. Das Wohnungsangebot konnte mit dem rasanten Zuzug vom Land in die Großstadt Berlin nicht mithalten.

Einer der Zuwanderer aus Ostpreußen war übrigens Heinrich Zille, dessen Familie 1867 nach Berlin kam. Der Maler nahm die Verhältnisse in dem Arbeiterviertel des Berliner Ostens mit scharfem Blick wahr und hielt seine Beobachtungen in zahlreichen Zeichnungen und Fotos fest. Die Familie Zille wohnte in der Kleinen Andreasstraße 17, einer Seitenstraße der heutigen Karl-Marx-Allee. Man darf davon ausgehen, dass viele seiner Werke von seinem Leben in dieser Gegend geprägt worden waren.

Mit der Verschlechterung der Verhältnisse kamen die Arbeiterwohnungen immer mehr in Verruf und der Begriff Mietskaserne wurde von einer neutralen Bezeichnung zum (auch ideologisch besetzten) Negativbegriff. In vielen anderen Stadtvierteln Berlins begannen gemeinnützige Wohnungsbaugenossenschaften, humanere Alternativen zu bauen, so entstanden z. B. ab 1912 die Gartenstadt Am Falkenberg in Altglienicke und später die Hufeisensiedlung in Britz (Bauzeit 1925–1933). Doch erst ab 1925 machte eine neue Bauordnung das Errichten weiterer Mietskasernen in ihrer bisherigen Form in ganz Berlin unmöglich und schrieb eine offenere Bauweise vor. Dennoch blieb die existierende Bebauung natürlich zunächst bestehen. Der Osten blieb damit weiterhin ein dicht besiedeltes Arbeiterviertel und um die heutige Karl-Marx-Allee, deren Abschnitte damals die Namen Große Frankfurter Straße und Frankfurter Allee trugen, waren Ge-

Blick in eine Arbeiterwohnung in der Liegnitzer Straße 9 in Berlin-Kreuzberg, um 1910

schäftsstraßen, deren Angebote auf die Bedürfnisse von Geringverdienern ausgerichtet waren – kein Vergleich also im Niveau mit den Prachtstraßen der Mitte (Unter den Linden) und des Westens von Berlin (Kurfürstendamm).

Arbeiter, Obdachlose, Prostituierte und Kleinkriminelle prägten den Stadtteil im Osten und inspirierten den Arzt Alfred Döblin 1929 zu dem Roman

Am 1. Mai 1945 an der Großen Frankfurter Straße, heute Karl-Marx-Allee, Ecke Andreasstraße

Berlin Alexanderplatz, in dem er das Milieu der Gegend kenntnisreich beschreibt. Döblin hatte seine Arztpraxis in einem Haus, das in etwa an der Karl-Marx-Allee 131 stand, heute allerdings nicht mehr existiert. 1933 floh er aufgrund seiner jüdischen Herkunft in die Schweiz.

Lange Zeit waren die dicht besiedelten Viertel rund um die Große Frankfurter Straße und die Frankfurter Allee verkehrstechnisch nicht gut an die Stadtmitte und andere Teile Berlins angebunden. Dies änderte sich mit dem Bau der U-Bahn vom Alexanderplatz aus in Richtung Osten, der heutigen U5 also. Die Fertigstellung erfolgte 1930 und war Teil eines ehrgeizigen Plans, die gesamte Stadt zu verschönern und vor allem die östlichen Stadtviertel zu modernisieren. Die Wirtschaftskrise und die Machtübernahme durch die Nationalsozialisten verhinderten zunächst aber, dass diese ehrgeizigen Pläne zur Umsetzung kamen.

Berlin ist zerstört

Die Eingänge zur U-Bahn waren nicht mehr benutzbar, aber der U-Bahn-Schacht existierte noch.

Ende 1945 zog die Verwaltung Berlins eine Bilanz der Bausubstanz; das Ergebnis war erschütternd: Ein Drittel der Häuser war völlig zerstört, viele waren schwer beschädigt, nur etwa zehn Prozent der Gebäude wurden als eindeutig wiederherstellbar eingestuft. Die U-Bahnschächte, die Gas-, Wasser- und Stromleitungen waren an vielen Stellen unterbrochen und reparaturbedürftig. Aber sie existierten noch in ihrer Grundstruktur und dies war einer der Gründe, warum die Verantwortlichen für die Stadtplanung nach einiger Diskussion zu dem Schluss kamen, dass die Grundlinien der Straßenführung wohl im Prinzip beibehalten werden müssten. Doch diese Entscheidungsprozesse in der Stadtplanung waren keineswegs konfliktfrei, wie das nächste Kapitel zeigen wird.

1945 lag Berlin weitgehend in Trümmern.

1946 BIS 1950: DER KAMPF DER SYSTEME BEGINNT

Der aufkeimende Kalte Krieg und die politischen Entwicklungen in Berlin

Schon vor dem Ende des Zweiten Weltkriegs war im Februar 1945 auf der Konferenz von Jalta unter anderem die Aufteilung Berlins in vier Sektoren beschlossen worden. Als die Rote Armee im Mai 1945 ganz Berlin eroberte, wurde der russische General Nikolai Bersarin für zwei Monate Stadtkommandant. Im Juli 1945 zog sich die sowjetische Armee – zögerlich zwar, aber wie vereinbart – in den Ostsektor zurück und überließ den restlichen Teil Berlins den drei anderen Siegermächten USA, Frankreich und Großbritannien. Die Spannungen zwischen den Westmächten und der Sowjetunion nahmen weiter zu und im November 1946 kam es endgültig zum Bruch, nachdem die Sowjets die Wahlergebnisse zum Magistrat von Gesamt-Berlin nicht anerkannt hatten. 1947 installierten sie einen »Volkskongress«, der eine separate Stadtversammlung darstellte, die ausschließlich aus Kandidaten der Sozialistischen Einheitspartei Deutschlands (SED) bestand.

Im Osten regierte von da an ein Magistrat, der faktisch zwar nur die Macht über den Ostteil der Stadt hatte, aber dennoch weiterhin den Anspruch erhob, für ganz Berlin zuständig zu sein. Dieser Ostmagistrat wurde von der SED beherrscht, die wiederum die Interessen der sowjetischen Besatzungsmacht vertrat. Der erste, von der SED gestellte und von der sowjetischen Besatzungsmacht eingesetzte Bürgermeister war Friedrich Ebert junior, der Sohn des gleichnamigen ersten Reichstagspräsidenten der Weimarer Republik. Friedrich Ebert junior hatte sich vom Sozialdemokraten zum treuen SED-Mitglied gewandelt. Als linientreues Mitglied des ZK der SED und des Staatsrates der DDR war er von 1948 bis 1967 Bürgermeister Ostberlins.

Im Juni 1948 trat der sowjetische Vertreter ganz aus der Alliierten Kommandantur aus, von da an war auch diese Kooperation zwischen den vier Siegermächten beendet. Noch im gleichen Monat kündigten sowohl die Westmächte als auch die Machthaber der Sowjetische Besatzungszone (SBZ) eine jeweils eigene Währungsreform an, womit der Einstieg in die deutsche Teilung, die bis zum Oktober 1990 andauern sollte, vollzogen war.

Westberlins prekäre geografische Lage inmitten der SBZ wurde besonders während der Zeit der Blockade durch die sowjetische Besatzungsmacht 1948/49 deutlich, die bekanntlich von den Westmächten mit einer Luftbrücke zur Versorgung der Bevölkerung von Westberlin beantwortet wurde.

Friedrich Ebert junior, Bürgermeister von Ost-Berlin 1948–1967, Foto aus dem Jahr 1952

Im Dezember 1948 fanden in den Westsektoren Wahlen zum Berliner Magistrat statt. Der Ostberliner Bürgermeister Friedrich Ebert junior bekam dadurch Konkurrenz durch einen Westmagistrat unter dem ersten Westberliner Bürgermeister Ernst Reuter, im September 1950 wurde dieser Westmagistrat in Senat von Berlin umbenannt.

Weniger als ein Jahr nach der Wahl des Westmagistrats, am 7. Oktober 1949, wurde die DDR gegründet und ihre obersten Politiker begannen, sich immer mehr auf die Gestaltung der Ostberliner Stadtteile zu konzentrieren. Denn bald stand fest: Ostberlin sollte die Hauptstadt der DDR werden.

Aufräumarbeiten und Stadtplanung

Während auf der politischen Ebene die Spannungen kontinuierlich zunahmen, waren auf den Straßen ganz Berlins die Aufräumarbeiten und die Beseitigung der Kriegsschäden in den Jahren nach Kriegsende in vollem Gange. Insbesondere mussten mindestens 75 Millionen Kubikmeter Schutt (davon nach Schätzungen mindestens 30 Millionen Kubikmeter im Ostteil der Stadt) herausgeräumt werden.

Bekanntermaßen waren es vor allem Frauen, die diese Arbeit leisteten, was angesichts der Bevölkerungszusammensetzung nicht wundert: Frauen machten in dieser Zeit direkt nach dem Krieg zwei Drittel der Bevölkerung Berlins aus. Die Glorifizierung der »Trümmerfrauen« wird allerdings durch eingehendere Forschung zu diesem Thema in Frage gestellt: Auch arbeitslose Männer und Baufirmen waren an der Trümmerbeseitigung beteiligt (siehe hierzu Leone Treber: *Mythos Trümmerfrauen: Von der Trümmerbeseitigung in der Kriegs- und Nachkriegszeit und der Entstehung eines deutschen Erinnerungsortes*. 2014).

»Trümmerfrauen« bargen brauchbare Ziegelsteine aus dem Schutt.

Die Bezirksverwaltung von Friedrichshain erwies sich als sehr agil im Beschaffen von Personal und Material, um die Aufräumarbeiten möglichst schnell voranzutreiben. Es wurde sogar eine 60 Kilometer lange Gleisanlage gebaut, auf der Loren fuhren, die normalerweise im Bergbau Verwendung fanden und in denen der Schutt relativ zügig abtransportiert werden konnte. Viel von dem Schutt wurde ganz in der Nähe zu Hügeln aufgetürmt, die heute noch als sanfte Erhebungen z.B. im Volkspark Friedrichshain und im Volkspark Prenzlauer Berg zu sehen sind.

Auf die Stadtplanung wirkten sich die politischen Entwicklungen zunächst nur insofern aus, als sich unterschiedliche Planungsstellen entwickelten. Dies führte in den Jahren 1945 bis 1947 zu miteinander konkurrierenden Planentwürfen für eine Neugestaltung der Stadt, die u.a. auch unterschiedliche Schwerpunktsetzungen für die Große Frankfurter Straße und für die Frankfurter Alle vorsahen. Schon im Mai 1945 war der Architekt Hans Scharoun vom sowjetischen Stadtkommandanten zum Leiter der Abteilung Bau- und Wohnungswesen

Riesige Mengen an Schutt mussten weggeräumt werden.

ernannt worden. Er rekrutierte einen Mitarbeiterstab, mit dem er sofort die Planungsarbeit in Angriff nahm. Zu dem Team gehörten neben Scharoun selbst: Wils Ebert (Arbeits- und Wohnstandorte), Peter Friedrich (Verkehr), Reinhold Lingner (Grünplanung), Ludmilla Herzenstein (Statistik), Selman Selmanagić (Kultur und Erholung), Herbert Weinberger (Kulturbauten und Krankenhausplanung) und Luise Seitz (Wohnungsdezernentin). Diese Gruppe nannte sich Planungskollektiv und der Plan, den sie vorlegten, wurde als »Kollektivplan« bekannt.

Scharouns Planungskollektiv ging von einer Vision aus, die eine radikale Abkehr von der bisher bestehenden Stadtstruktur vorsah. Sie folgten der Vorstellung einer Auflockerung der Stadt mit geringer Wohndichte, mit Häusern von eher bescheidener Höhe und von einer geografischen Segmentierung nach den Funktionen Wohnen, Arbeiten und Erholung, wobei die Segmente durch ausreichend dimensionierte, gitterartig angeordnete Verkehrswege verbunden werden sollten.

Der »Kollektivplan«

Friedrichshain war in diesem Plan als Wohngebiet ausgewiesen. In Wohngebieten sollten neben Einfamilienhäusern und niedriggeschossigen Wohngebäuden alle notwendigen Einrichtungen wie Schulen, Krankenhäuser, Kindergärten etc. für die Bewohner der jeweiligen Siedlungen, die für je etwa 5000 Einwohner angelegt waren, entstehen. Die Gebäude dieser sogenannten Wohnzellen sollten durch ausreichende Begrünung in eine aufgelockerte Stadtlandschaft integriert sein und jeweils für sich selbst sprechen. Das Planungskollektiv um Scharoun legte den Kollektivplan im April 1946 dem Bauausschuss des Magistrats vor und von August bis Oktober 1946 wurden die Pläne der Bevölkerung in einer Ausstellung im Berliner Schloss öffentlich präsentiert.

Die grundsätzlichen Ideen von Scharoun und dem Planungskollektiv gingen auf frühere städtebauliche Gedanken des Bauhaus-Gründers Walter Gropius, des Architekten und Stadtplaners Le Corbusier sowie anderer modernistischer Architekten zurück, deren neuartigen Konzepte während der Zeit des Nationalsozialismus und des Zweiten Weltkriegs auf Eis gelegen hatten. Diese Ideen hatten vor 1933 bei vielen Architekten und Stadtplanern, die sich als innovativ und avantgardistisch betrachteten, Wurzeln geschlagen und fanden auch jetzt, nach 1945, noch zahlreiche Anhänger. So reichte

Der »Kollektivplan«

Das neue Gesicht Berlins, aufgeteilt durch ein Schnellstraßen-Netz in einzelne Wohngebiete, die ein Arbeits-Zentrum umfassen. (Planungskollektiv: Ebert, Friedrich, Herzenstein, Lingner, Scharoun, Seitz, Selmanagic, Weinberger.)

1 Arbeitsgebiete, **2** Wohngebiete, **3** Altes Industriegebiet, **4** Stadtverwaltung, **5** Museumsstadt mit der Feststraße »Unter den Linden«

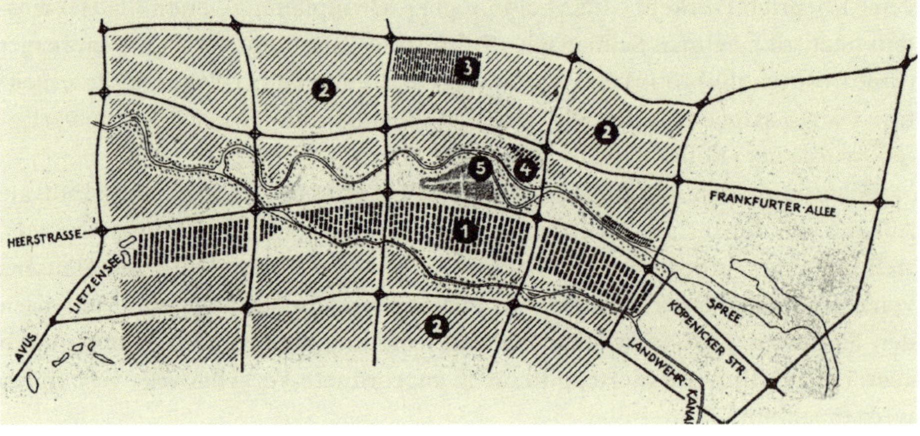

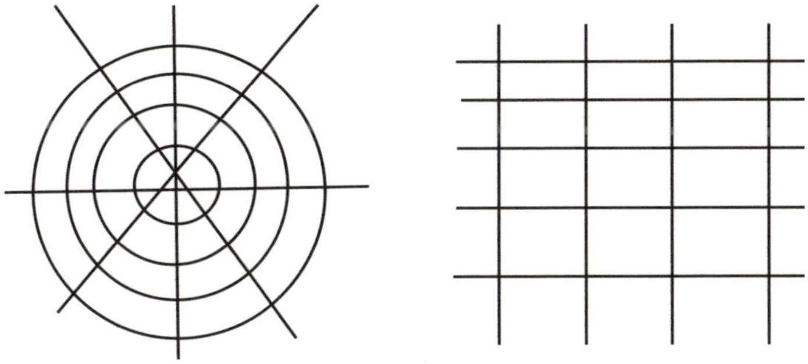

Traditionalistisches Grundkonzept (z. B. »Zehlendorfer Plan«) — Modernistisches Grundkonzept (z. B. »Kollektivplan«)

z. B. der Bezirksbürgermeister von Berlin-Friedrichshain, Gustav-Adolf Werner, 1949 ein Arbeitspapier mit dem Titel »Das Stadtdorf« ein, in dem er vorschlug, die Stadt als Siedlungen mit einheitlichen Reihenhäusern und gleichartigen Wohnflächen und Einrichtungen zu planen. Insbesondere die Vision von Reinhold Lingner, dem Gartenbauarchitekt im Planungskollektiv, sah eine starke Durchgrünung der Stadtlandschaft vor, was eine starke Ausdehnung des Siedlungsraumes zur Folge gehabt hätte. (Lingner wurde später mit der Begrünung der gesamten Anlage zwischen Strausberger Platz und Niederbarnimstraße beauftragt; das heute noch in Grundzügen erkennbare Gartenbaukonzept entlang der heutigen Karl-Marx-Alle und Frankfurter Allee geht in den Grundzügen auf ihn zurück).

Zeitgleich mit dem Kollektivplan entstand jedoch aufgrund eines Auftrags des Bezirksbürgermeisters von Zehlendorf ein alternativer Plan für das gesamte Berlin, der eher traditionalistisch ausgerichtet war und von den bestehenden Grundstrukturen der Stadt ausging. Er sah die Beibehaltung und weitere Nutzung der Hauptverkehrsadern der Vorkriegszeit vor und eine Stadtplanung, die von einem Zentrum aus in konzentrischen Kreisen ausging. Dieser Plan wurde bereits im Juni 1946 der Öffentlichkeit präsentiert. Dieser Plan sah zwar auch viele Grünflächen und einen großzügigen Ausbau des Straßennetzes zur autofreundlichen Stadt vor, ging aber grundsätzlich von einer traditionellen Stadtstruktur aus, ohne den Ehrgeiz, über die Stadtplanung ein neues Gesellschaftsmodell bedienen zu wollen. Dass Zehlendorf im US-amerikanischen Sektor lag, mag eine gewissen Rolle dabei gespielt haben, dass ein solcher Alternativplan zum Ostberliner Kollektivplan erstellt wurde. Aber zu dieser Zeit, also 1946, verliefen die Konfliktlinien eher zwischen den modernistischen Vertretern der Bauhaus-Linie und den Traditionalisten der Stadtplanung als zwischen den politischen Trennlinien des noch im Aufkeimen begriffenen Ost-West-Konflikts.

Letztlich wurde der Kollektivplan vor allem aus sachlichen Gründen abgelehnt, weil er der Nutzbarkeit der bestehenden unterirdischen Infrastruktur (Kabel, Rohre, U-Bahnschächte etc.) keinen ausreichenden Raum gegeben hatte, was sich im Zuge der Aufräumarbeiten immer deutlicher als Irrtum herausstellte.

Nach den bereits erwähnten Magistratswahlen im Oktober 1946 wurde der parteilose Hans Scharoun durch den SPD-Vertreter Karl Bonatz abgelöst. Bonatz hatte bereits davor den Kollektivplan scharf kritisiert und tendierte ebenfalls eher zu einem traditionellen Stadtbild. Er unternahm unmittelbar nach seiner Amtseinführung einen neuen Anlauf für eine gesamtstädtische Planung und präsentierte 1948 den nach ihm benannten Bonatz-Plan. Diese Planung sah zwar ein traditionelles Stadtzentrum vor, übernahm aber die Idee von Wohnzellen für die Gebiete außerhalb der Stadtmitte. Der Bonatz-Plan blieb der letzte Plan für ganz Berlin bis zum Mauerfall, denn die politischen Entwicklungen erlaubten schon bald keine Gesamtplanung für Berlin mehr. Keiner der zwischen 1945 und 1948 entstandenen Pläne wurde jedoch in Gänze umgesetzt.

Die politische Spaltung wirkte sich ab 1948 immer stärker auch auf den Disput über städtebauliche und architektonische Konzepte aus. Immer deutlicher zeigte sich, wie das unterschiedliche Gesellschaftsbild und die unterschiedlichen Vorstellungen von politischen Prozessen auch auf die Stadtplanung Einfluss nahmen. Dieses Auseinanderdriften veranschaulicht sehr gut der folgende Vorfall am Institut für Bauwesen an der Deutschen Akademie der Wissenschaften. Geschildert wird er von Kurt Liebknecht, damals wissenschaftlicher Sekretär des Instituts (und ab 1949 Direktor des Instituts für Städtebau und Hochbau im Ministerium für Aufbau in Ostberlin):

»Ich war aus meiner Arbeit an der sowjetischen Architekturakademie gewohnt, dass die wissenschaftlichen und Entwicklungsarbeiten immer von den Möglichkeiten und den Notwendigkeiten der derzeitigen Bedingungen abgeleitet werden, wobei entsprechende Beschlüsse von Partei und Regierung zu berücksichtigen waren. Eine solche Einstellung war von den genannten Mitarbeitern unter den damaligen Verhältnissen verständlicherweise nicht in vollem Umfang zu erreichen. Ich erinnere mich in diesem Zusammenhang an eine Beratung mit den Verantwortlichen für die Forschungsthemen, die von Hans Scharoun mit Können und Elan geleitet wurden. Der bekannte Städtebauer Martin Mächler meinte, dass eigentlich der Städtebauer aufgrund seiner besseren Einsichten berufen sei, eine fortschrittliche Politik zu machen. Ich wandte ein, dass die Politik in der sowjetisch besetzten Zone nur von der Arbeiterklasse und deren Verbündeten unter Führung der Arbeiterpartei im Sinne einer zukünftigen sozialistischen Gesellschaft gemacht werden könne. Es kam zu einem heftigen Meinungsstreit, der zur Folge hatte, dass unser temperamentvoller Kollege Martin Mächler aufstand und verschwand. Hans Scharoun vermerkte trocken und nicht ohne Humor: Bitte schreiben Sie ins Protokoll, dass Martin Mächler um 16:00 Uhr unsere Sitzung verließ. Leider mussten wir in der weiteren Arbeit auf Prof. Mächler verzichten.« (Kurt Liebknecht 1975, anlässlich eines Kolloquiums zu seinem 70. Geburtstag)

Trotz der politischen Spannungen gab es zwar noch bis in die zweite Hälfte der 1950er Jahre hinein Kontakte und eine gewisse Kommunikation der Fachleute aus Ost und West, die sich bemühten, ein Minimalniveau einer koordinierten Stadtplanung aufrecht zu erhalten. Vermutlich war dies sehr oft getragen von der unausgesprochenen Hoffnung (oder Erwartung), dass es früher oder später zu einer Wiedervereinigung der beiden deutschen Staaten kommen werde und eine weitsichtige Stadtplanung dies berücksichtigen müsse. Diese Hoffnung wurde unter anderem genährt durch ein Angebot Stalins im Jahr 1952, der die Westmächte in einem als Stalinnote berühmt gewordenen Brief wissen ließ, dass er einer deutschen Wiedervereinigung zustimmen würde, wenn Deutschland militärisch neutral bleibe. Die Westmächte glaubten Stalin die friedliebenden Absichten nicht und lehnten ab, was die Spaltung Deutschlands immer weiter verfestigte.

Auch die Kommunikation und Kooperation der Stadtplaner wurde erschwert, bis sie schließlich ganz eingestellt und spätestens mit dem Mauerbau im August 1961 ohnehin obsolet wurde.

Die Wohnzelle Friedrichshain und die Laubenganghäuser in der heutigen Karl-Marx-Allee

Im Sommer 1949 bekam Hans Scharoun als Leiter des Ostberliner Instituts für Bauwesen an der Akademie der Wissenschaften den Auftrag zur Gestaltung einer »Wohnzelle Friedrichshain«. Er war zwar nicht mehr Leiter der obersten Baubehörde Ostberlins, besaß aber als hochgradiger Fachmann immer noch Ansehen und Einfluss. Es sollte in Friedrichshain eine völlig neu gedachte Modellsiedlung mit rund 1900 Wohnungen für etwa 5000 Bewohner samt der erforderlichen Infrastruktur entstehen. Was Scharoun als Stadtplaner verwehrt worden war, sollte er also nun als Architekt auf dem Gelände in Friedrichshain umsetzen.

Teile der Ostberliner SPD, die damals noch nicht gänzlich von der Sozialistischen Einheitspartei Deutschlands (SED) absorbiert worden war, waren von dem visionären Ansatz begeistert und trugen ihn politisch mit, wenngleich sie

Laubenganghäuser in der Karl-Marx-Allee

sich an dem Begriff »Wohnzelle« störten und stattdessen »Stadtdorf« vorschlugen.

In der Tat sah die Planung, die Scharoun und seine Architektenkollegen Ludmilla Herzenstein und Karl Brockschmidt im Oktober 1949 vorlegten, eine sehr aufgelockerte Bebauung vor, mit viel Begrünung und einer relativ geringen Bevölkerungsdichte, so wie es Scharouns generellen städtebaulichen Überzeugungen entsprach. Die finale Vorlage wurde am 7. November 1949 vorgelegt und zügig genehmigt. So konnten die Baupläne für den ersten Bauabschnitt schon bis zum 1. Dezember 1949 fertiggestellt werden. Bereits Anfang November 1949 war die kommunale Trägergesellschaft »Heimstätte Berlin« gegründet worden, deren Chefin Ludmilla Herzenstein wurde, die sofort die Projektleitung der Bauarbeiten übernahm. Es herrschte akute Wohnungsnot in Berlin und man wollte nicht durch langwierige Grundsatzdiskussionen und Genehmigungsverfahren Zeit verlieren.

Am 21. Dezember 1949 erfolgte die Grundsteinlegung für die ersten Häuser. Die Priorität, die dem Prozess eingeräumt wurde, hatte neben der herrschenden Wohnungsnot noch einen weiteren Grund: Am 21. Dezember 1949 war die Feier zum 70. Geburtstag Stalins geplant, zu dem die Führung der jungen, im Oktober 1949 gegründeten DDR Fortschritte im Bau vorweisen wollte. Ein weiterer Grund für die Eile, mit der die Laubenganghäuser gebaut wurden, war die Tatsache, dass die Straße, an der sie standen, »an Stalin geschenkt« werden sollte – was lag da näher als möglichst schnell eine Bebauung sicherzustellen.

Diese heute als Laubenganghäuser bekannten Gebäude, befinden sich an der Karl-Marx-Allee 102/104 und 126/128 und stehen unter Denkmalschutz.

Die Huldigung Stalins und die Umbenennung in Stalinallee

Ebenfalls zu Stalins 70. Geburtstag wurde der gesamte Straßenzug vom Alexanderplatz bis zum Bahnhof Lichtenberg/Friedrichsfelde in Stalinallee umbenannt. Der Beschluss dazu war am 15. Dezember 1949 gefasst worden, am 21. Dezember wurden dann die Straßenschilder ausgetauscht.

Umbenennung der Großen Frankfurter Straße und der Frankfurter Allee in Stalinallee am 21. Dezember 1949

Walter Ulbricht und einige andere hohe Funktionäre der SED waren an diesem Tag zu den Geburtstagsfeierlichkeiten Stalins nach Moskau gereist. Die Delegation unter Leitung von Ulbricht war von der imperialen Aufmachung Moskaus und den bombastischen Feierlichkeiten stark beeindruckt.

In den Jahren nach 1949 ging der Personenkult um Josef Stalin in der jungen DDR unvermindert weiter. Anlässlich der 3. Weltfestspiele der Jugend und Studenten, die im August 1951 in Ostberlin stattfanden, wurde von der DDR-Führung gegenüber dem Veranstaltungsort, der Deutschen Sporthalle, sogar ein Stalindenkmal aufgestellt. Eine fast fünf Meter große Bronzestatue, die die DDR-Regierung in der Sowjetunion gekauft hatte und die von dort eingeflogen worden war. Ursprünglich hatte die DDR-Führung sogar eine 16 Meter große Statue bestellt, aber da diese nicht verfügbar war, begnügte man sich mit dieser kleineren Version.

Die Gräueltaten von Stalins Regime und die millionenfache Ermordung von Menschen, die der

Personenkult um Josef Stalin auf der nach ihm benannten Allee

Das Stalindenkmal, das von August 1951 bis November 1961 an der Stalinallee zwischen der heutigen Lebuser und Koppenstraße stand

Opposition verdächtigt wurden, waren zu diesem Zeitpunkt der breiten Öffentlichkeit noch nicht in ihrem tatsächlichen Umfang bekannt.

Stalin starb im März 1953. Sein Nachfolger Nikita Chruschtschow leitete langsam und stetig eine Abkehr von der Verehrung Stalins ein, erst 1956 kam aber der totale Bruch mit Stalin durch Chruschtschows berühmte Rede auf dem XX. Parteitag der KPdSU.

Im November 1961 entschloss sich die Führung der DDR zu einer Umbenennung der Stalinallee, die seither auf dem Abschnitt vom Alexanderplatz bis zum Frankfurter Tor Karl-Marx-Allee und ab dem Frankfurter Tor Richtung Osten Frankfurter Allee heißt.

1961 war durch Chruschtschow die Entstalinisierung in Moskau so weit vorangetrieben worden, dass sich die DDR-Führung gezwungen sah, die riesige Stalin-Statue gegenüber der Deutschen Sporthalle wieder abzubauen. Dies geschah ohne Vorankündigung und Berichterstattung seitens der politischen Elite in der Nacht vom 13. auf den 14. November. Die Statue verschwand, als hätte es sie nie gegeben, und wurde eingeschmolzen, der Sockel wurde abgebaut. Nur ein Ohr und ein Teil des Schnauzers der Statue existieren noch als Replikat; beides ist heute im Café Sibylle in der Karl-Marx-Allee 72 zu besichtigen.

Großzügige Grünanlagen umgaben das Stalindenkmal.

Gegenüber dem Westen bedeutete die Abkehr von Stalin aber keineswegs eine weniger harte Konfrontation. Im August 1961, einige Monate bevor das Stalindenkmal verschwand, war die Berliner Mauer gebaut worden und im Herbst 1962 kam es durch die Kuba-Krise beinahe zum Atomkrieg zwischen den beiden Machtblöcken in Ost und West.

Reise nach Moskau und die Neuorientierung in der Baupolitik

Walter Ulbricht und seine Delegation der DDR-Führung waren im Dezember 1949 nicht nur zu den Feierlichkeiten von Stalins Geburtstag nach Moskau eingeladen worden, es wurden auch zahlreiche Gespräche über die weitere Gestaltung der DDR und den städtebaulichen Aufbau des zerstörten Berlins geführt.

Dabei erfuhren Walter Ulbricht und seine Genossen, dass man in Moskau den Bauhaus-Stil und die modernistischen Ideen von Stadtplanern strikt ablehnte. Der funktionalistische Stil wurde als »bourgeois« und »formalistisch« bezeichnet und den Besuchern aus der DDR wurde empfohlen, sich stattdessen an »nationalen Traditionen« zu orientieren und an dem von Stalin bevorzugten Stil des »sozialistischen Klassizismus«, der seinerseits eine Mischung aus verschiedenen Stilrichtungen der Vergangenheit war, u.a. des Klassizismus des 19. Jahrhunderts, des italienischen Barock und des sozialistischen Realismus.

Bei den Feierlichkeiten zum 70. Geburtstag von Stalin: Walter Ulbricht auf der Tribüne gemeinsam mit Mao, Stalin und anderen Polit-Größen der damaligen sozialistischen Welt

Auch der Hang zum Monumentalen war in dieser bevorzugten Stilrichtung deutlich erkennbar, interessanterweise eine Präferenz, die auch Hitler seinen Architekten vorgegeben hatte.

Es ist anzunehmen, dass der Delegation die Pläne und Baustellen einiger dieser prägnanten Bauwerke, die in dieser Zeit gerade in Moskau im Entstehen waren, gezeigt wurden. So zum Beispiel der Neubau eines monumentalen Hauptgebäudes der altehrwürdigen Lomonossow-Universität oder das Hochhausgebäude des Außenministeriums, beides Bauten im Stil dieses sozialistischen Klassizismus, deren Errichtung 1948 begonnen hatte. In den Folgejahren wurden fünf weitere Hochhäuser in diesem Stil gebaut, sie werden von Architekturhistorikern insgesamt als die »sieben Schwestern« bezeichnet, im Volksmund aber auch als »Stalins Kathedralen« oder als »Stalinhochhäuser«.

Dieser Stil wurde von westlichen Kommentatoren verächtlich als »Zuckerbäckerstil« verspottet, obwohl man in New York oder Chicago Hochhäuser aus den Jahren 1910 bis 1930 findet, die von genau diesen architektonischen Elementen geprägt sind und ebenfalls wegen ihres ornamentreichen Stils als »Wedding Cake Style« verspottet wurden.

Insbesondere das Municipal Building, also ein Verwaltungsgebäude der Stadt New York City im südlichen Manhattan (1914 fertiggestellt), soll in Stalin einen Bewunderer gefunden haben und diente vermutlich als Vorlage für einige der Moskauer Prachtbauten. In der Tat ist die Ähnlichkeit der Baustile unverkennbar.

Nach der Grundsteinlegung für die Laubenganghäuser begannen die Bauarbeiten gemäß der Planung von Hans Scharoun und seinem Team. Alle zuständigen Gremien hatten zugestimmt und es schien, als ob der baulichen Verwirklichung der Wohnzelle Friedrichshain nichts mehr im Wege stehe. Doch dem war nicht so: Im Aufbauministerium, das unter der Leitung des SED-Hardliners Lothar Bolz stand, war man mit den Plänen von Scharoun ganz und gar nicht zufrieden und tat alles, um eine Neuplanung zu erreichen. Den Stalinisten im Aufbauministerium schwebte für die Straße eine Gestaltung vor, die diesem – in ihren Augen wohlklingenden – Namen alle Ehre machte. Die Gebäude sollten höher sein als die von Scharoun geplanten vier- bis fünfstöckigen Laubenganghäuser und die Bebauung stellten sie sich im Gesamtbild monumentaler und beeindruckender vor. Doch vor allem wollten sie verhindern, dass an der Stalinallee nüchterne Gebäude im Bauhaus-Stil errichtet wurden. Hinter dem Streit um die städtebauliche Gestaltung der Stalinallee steckte also wesentlich mehr als das Kompetenzgerangel von zwei Regierungsstellen; es verbargen sich zwei fundamental verschiedene Weltsichten dahinter. Um ihre Linie durchzusetzen, schreckte das Aufbauministerium unter Bolz nicht vor Intrigen und Falschauskünften zurück, z. B. was die Bauqualität und die Kostenentwicklung des Wohnzellen-Projekts von Scharoun anging. Dabei setzten sich Bolz und seine Linie nicht zuletzt deshalb durch, weil sie genau der Linie entsprach, die Moskau in Architektur und Städtebau vertrat.

Bereits im Januar 1950 war von der DDR-Führung beschlossen worden, dass eine Delegation aus Fachleuten für Architektur und Städteplanung baldmöglichst nach Moskau reisen sollte, um die dortigen »Errungenschaften« der sozialistischen Baukunst zu studieren und sich »Rat« von den sowjetischen Kollegen zu holen. Erst im Frühjahr, vom 12. April bis zum 25. Mai 1950, fand diese Reise statt. Sie führte eine sechsköpfige Expertengruppe unter Leitung von Aufbauminister Lothar Bolz nicht nur nach Moskau, sondern auch nach Kiew, Stalingrad (das heutige Wolgograd) und Warschau.

Die Auswahl der Teilnehmer war eine hochpolitische Angelegenheit; nur linientreue SED-Genossen reisten nach Moskau. Aufgrund seiner Zugehörigkeit zum Institut für Bauwesen, das von Hans Scharoun geleitet wurde, gehörte auch Hermann Henselmann zu denen, die schlussendlich nicht teilnehmen durften. Nur zwei der Delegationsteilnehmer sprachen Russisch, nämlich Lothar Bolz und Kurt Liebknecht, die beide jahrelang im Exil in der Sowjetunion gelebt hatten. Das Delegationsmitglied Walter Pisternik führte ein ausführliches Tagebuch zu der Reise, von ihm sind die meisten Informationen dazu überliefert (siehe dazu die Quellenedition des Instituts für Regionalentwicklung und Strukturplanung).

Bei den Fachgesprächen in Moskau ging es um technische Details, Baumethoden, die Bezahlung der Bauarbeiter, den Maschineneinsatz an den Baustellen, Kennzahlen u.v.m. Den Aufzeichnungen nach zu urteilen, gingen die russischen Gastgeber damals sehr klug mit ihren Gästen aus Deutschland um. Es fiel kein Wort des Vorwurfs zu den Ereignissen im Zweiten Weltkrieg, obwohl das Ende des brutalen Vernichtungskrieges zwischen Deutschland und der Sowjetunion erst fünf Jahre zurücklag. Die Gäste wurden mit ausgesuchter Höflichkeit und geradezu herzlich behandelt, die Ratschläge wurden als Berichte über die sowjetischen Aufbauerfahrungen und die dabei gewonnenen Erkenntnisse formuliert. Was die Deutschen bei ihrem Besuch zu sehen und hören bekamen, war für sie tatsächlich sehr beeindruckend – ganz abgesehen davon, dass die Delegation sich auch gerne von den sowjetischen Brüdern beeindrucken lassen wollte. Über diese Reise wurde später oft berichtet, dass sie dazu gedient habe, den Städteplanern des »Vasallen-Staates« DDR die Direktiven der Besatzungsmacht zu verdeutlichen. Aus den Originalquellen ist das nicht so eindeutig erkennbar. Vielmehr zeigt sich, dass es überzeugte Sozialisten waren, die zu einem Besuch bei sowjetischen Kollegen angereist waren, die sie schon vor der Reise aufrichtig als Vorbilder anerkannten und mit der Erwartung besuchten, etwas lernen zu können. Sicher war auch eine gewisse Unterwürfigkeit gegenüber der Sieger- und Schutzmacht der jungen DDR im Spiel und bestimmt war die Machtverteilung zwischen den Politikern und Beamten der So-

Das Municipal Building in New York City (Bauzeit 1907–1914)

Das Kotelnicheskaya Embankment Building in Moskau (Bauzeit 1947–1952)

wjetunion und denen der DDR-Führung jedem Beteiligten bewusst. Aber Gespräche zwischen Machthabern und Befehlsempfängern in Reinform waren die Treffen in Moskau keineswegs, obwohl die sowjetischen Gastgeber im Punkt Städtebau klare Vorstellungen hatten und diese auch an die Besucher aus der DDR kommunizierten. Stalin nahm ab 1947 auf die Stadtplanung und Architektur in Moskau großen Einfluss, er war der direkte Auftraggeber der »sieben Schwestern« und thematisierte in seinen Reden immer wieder Architektur und Städtebau. Dass Stalins Linie verbindlich sein sollte für den Städtebau in den sowjetischen Satellitenstaaten, war in Moskau beschlossene Sache, bevor die Delegation unter Leitung von Lothar Bolz in Moskau eintraf.

Die städtebaulichen und architektonischen Vorstellungen, die von den sowjetischen Gastgebern an die Gäste aus der DDR kommuniziert wurden, lassen sich etwa wie folgt zusammenfassen:

- Eine Großstadt, insbesondere eine Hauptstadt, in einer sozialistischen Gesellschaft muss ein klar definiertes Zentrum haben.
- Die Gebäude sollen umso prächtiger und monumentaler sein, je näher sie sich am Zentrum befinden.

- Städtische Gebäude sollen generell nicht weniger als acht Stockwerke haben.
- Dem Empfinden des Volkes muss eine sozialistische Stadt insofern entgegenkommen, als ihre Gebäude reich an Ornamenten sind und sie den nationalen Traditionen von Ästhetik entsprechen. (Dass vor allem diese letzten Aussagen der Moskauer Stadtplaner den Aussagen der nationalsozialistischen Stadtplaner in Teilen sehr ähnlich waren, fiel damals offenbar niemandem auf).

Man muss dazu wissen, dass die staatlich gesteuerten sowjetischen Architekten schon vor dem Zweiten Weltkrieg Position gegen die Gedankenwelt der modernistischen Architekten der westeuropäisch-US-amerikanischen Welt bezogen hatten. Deutlich wird dies z.B. an folgenden Ereignissen: Im Jahr 1933 sollte der Internationale Kongress für Neues Bauen (CIAM = Congrès Internationaux d'Architecture Moderne) in Moskau stattfinden. Nachdem Moskauer Organisatoren bereits im Vorfeld Forderungen hinsichtlich des Ergebnisses des Kongresses aufgestellt hatten, empörten sich die restlichen Teilnehmer und verlegten den Kongress kurzfristig nach Athen, wo unter Federführung von Le Corbusier die »Charta von Athen« entstand. In dieser Charta wurde u.a. die funktionale Segmentierung im Städtebau als Leitlinie propagiert, aber auch der funktionalistische Baustil der Bauhaus-Schule als dem modernen Lebensstil angemessen bezeichnet. Schon damals, 1933 und auch davor, war es zu einer Distanzierung der sowjetischen Städtebauer vom Bauhaus-Stil und der Charta von Athen gekommen und zu einer eher konfrontativen Stimmung, die sich aus einer Mischung von politischer Konkurrenz und architektonischem Disput ergeben hatte.

Auch bei deutschen Kommunisten hatte sich schon vor 1950 die Überzeugung durchgesetzt, Kunst müsse zum einen realistisch sein und zum anderen an bestehende Traditionen anknüpfen. So zitiert der damalige Landeskonservator von Berlin, Helmut Engel, aus einem Referat bei einer Tagung in Berlin im Oktober 1948 folgenden Satz:

»Wir wollen eine neue, realistische Kunst, die das beste künstlerische Erbe der Vergangenheit für unsere Zeit weiterentwickelt« (Engel u.a. 1996, S. 46). Laut der Kulturhistorikerin Simone Hain (s. ebd., S. 92) hatte sich schon seit 1918 bei den deutschen Kommunisten eine Ablehnung des Modernismus aufgebaut und damit eine Betrachtung des Neuen als »entartet«.

Die Sichtweise der »kapitalistischen« Architekten wurde von den Sowjets mit mehreren Kampfbegriffen diffamiert, deren Inhalte zwar nicht immer ganz klar definiert waren, die aber trotzdem enorme Wirkung entfalteten, sobald sie von den Machthabern als Mittel zur Durchsetzung von kulturpolitischen Leitlinien verwendet wurden. Insbesondere waren dies die Begriffe des »Formalismus«, »Funktionalismus«, »Konstruktivismus« und »Kosmopolitisches«. Diese kulturpolitischen Negativ-Leitlinien beinhalteten eine gänzliche Ablehnung des Modernismus.

Baupolitik wird zur Chefsache

Aufbauminister Lothar Bolz

Schon während des Aufenthalts in Moskau hatte die Delegation unter Leitung von Lothar Bolz »16 Grundsätze für den Städtebau in der DDR« als Entwurf formuliert. Eine übersetzte Fassung des Entwurfs wurde am 27. April 1950 dem Moskauer Ministerium für Städtebau mit der Bitte um Kommentierung übergeben und wurde in den folgenden beiden Tagen dort besprochen. Am 29. April stand die Leitlinie fest und erfuhr keine weiteren Änderungen mehr, obwohl das Dokument in Berlin nach der Rückkehr der Delegation durchaus kontrovers diskutiert wurde. Im Mai und Juni 1950 fanden mehrere Diskussionsrunden der dominierenden Personen der Stadtplanung Ostberlins statt, von denen zum Teil sehr ausführliche Protokolle in den Archiven erhalten sind. Dabei verstand es Aufbauminister Lothar Bolz offenbar sehr geschickt, den Teilnehmern den Eindruck zu vermitteln, dass eine freie Diskussion mit offenem Ausgang stattfinde. Tatsächlich ließ er zwar Meinungsäußerungen frei zu, beantwortete sie aber zum Teil mit erheblicher Schärfe. So sprach z. B. der spätere leitende Architekt der Stalinallee, Richard Paulick, von »sowjetischem Kitsch«, woraufhin er von Bolz scharf kritisiert wurde und daraufhin zurückruderte. Inhaltliche Konsequenzen für die 16 Grundsätze ergaben sich nicht aus all den Diskussionen darüber.

Bolz war einer der DDR-Hardliner und blieb es sein Leben lang. Er war als Mensch durchaus vielschichtig, wenn auch in einer verstörenden Weise. So war er z. B. einer der Mitbegründer und langjährige Vorsitzende der Nationaldemokratischen Partei Deutschlands (NDPD), die zu den Blockparteien der DDR gehörte und nationalkonservative Kräfte einbinden sollte. Aus der erfolgreichen Durchsetzung der 16 Grundsätze zum Städtebau in der DDR ging er gestärkt

Walter Ulbricht

hervor, war ab Oktober 1953 Außenminister der DDR, was er bis 1965 blieb. Auch nach seinem Abgang als aktives Regierungsmitglied blieb Bolz ein hochdekoriertes und geehrtes Mitglied der DDR-Elite und starb 1986 – rechtzeitig also, um den Fall der Mauer nicht mehr miterleben zu müssen.

Die 16 Grundsätze wurden genutzt, um die neue Linie breit zu propagieren und deren Zweifler zu überzeugen und zu indoktrinieren. In diese Zeit fällt die Gründung des Ministeriums für Staatssicherheit am 8. Februar 1950, später als Stasi bekannt, das sich in den folgenden Jahrzehnten zu einer wuchernden Bespitzelungs- und Unterdrückungs-Bürokratie entwickeln sollte. Ende der 1980er Jahre hatte die Stasi fast 200.000 hauptamtliche und informelle Mitarbeiter – bei einer DDR-Bevölkerung von 17 Millionen arbeiteten damit mehr als ein Prozent der Bewohner der DDR mehr oder weniger intensiv für die Durchsetzung der von oben vorgegebenen politischen Leitlinien.

Ab 1949 waren auch die Bauarbeiten beim Neubau der russischen Botschaft im Gange, die seit 1837 an der bekannten Adresse Unter den Linden stand, wo sie auch heute noch ihren Sitz hat. Auch dieser Neubau folgte selbstverständlich dem von Stalin vorgegebenen Stil des sozialistischen Klassizismus und stellte damit eine in Steinen formulierte Vorgabe zum präferierten Baustil der Sowjetunion dieser Zeit dar, den die Entscheidungsträger der jungen DDR nicht so ohne Weiteres ignorieren konnten.

Im Frühsommer 1950 zog zudem Walter Ulbricht, damals Generalsekretär der SED und damit de facto oberster Führer der DDR, das Thema Aufbau immer mehr an sich. Im offiziellen Sprachgebrauch vermied man bewusst das Wort Wiederaufbau, weil man im Sozialismus etwas Neues, keine Wiederholung des Alten vorhatte. Daher waren all diese Aktivitäten im Aufbauministerium angesiedelt, der Fokus lag dabei auf der Stalinallee.

Vom 21. bis zum 24. Juli 1950 fand der III. Parteitag der SED statt, für den sich Ulbricht von treuen Gefolgsleuten im Aufbauministerium eine programmatische Vorlage erarbeiten ließ, die er beim Parteitag präsentierte und absegnen ließ. Ulbricht fühlte sich als gelernter Tischler durchaus qualifiziert für die Position des städtebaulichen Strategen und hatte keine Scheu davor, pedantisch und diktatorisch auch in Details der Planungen einzugreifen. So gibt es Berichte, nach denen er z. B. über die Dachgestaltung und über die Fensterrahmen seine Meinung kundtat, die von den Architekten in der Regel als verpflichtende Anweisung verstanden wurde.

Ulbricht verspottete die Pläne für eine Gartenstadt mit vielen Bäumen als »Lungenheilanstalt«, die von Hans Scharoun gestalteten Laubenganghäuser an der Stalinallee verunglimpfte er als »Kasernenstil« und »Eierkisten« und unter dem Applaus der Parteitagsteilnehmer rief er vom Rednerpult: »Wir wollen in Berlin keine amerikanischen Kästen haben ...!«

Vor dem Hintergrund der 16 Grundsätze war klar, dass die Pläne für die Wohnzelle Friedrichshain nicht mehr in der von Scharoun vorgelegten und von den Behörden ursprünglich genehmigten Form umgesetzt werden konnten – und das nur wenige Tage nach dem Richtfest für die beiden Laubenganghäuser an der Stalinallee, das am 19. Juli 1950 stattgefunden hatte.

Aufgrund der immensen Wohnungsnot in Berlin wurde allerdings beschlossen, die beiden Gebäude, die sich schon im Bau befanden, trotzdem fertig zu bauen und im Oktober 1950 konnten dort die ersten Mieter einziehen. Der Vorbildcharakter dieser Gebäude war jedoch verlorengegangen, sie waren vom Modell zum Schandfleck herabgestuft worden. Vor die Neubauten wurden daher nach ihrer Fertigstellung Bäume gepflanzt, um sie etwas zu verdecken. Noch heute stehen Bäume davor.

Am 5. August 1950 fand unter Leitung von Walter Ulbricht eine Besprechung statt, bei der beschlossen wurde, dass der Gedanke einer prächtigen Allee vom Brandenburger Tor über den Alexanderplatz weiter über die Stalinallee nach Osten wieder aufgegriffen werden sollte. Die Stalinallee sollte Teil einer Aufmarschstraße für Kundgebungen werden, die unter anderem zu den Gräbern von Rosa Luxemburg, Karl Liebknecht und anderen Helden des Sozialismus auf dem Zentralfriedhof in Friedrichsfelde führen sollte. In diesem Zusammenhang wurde auch der Abriss des Stadtschlosses zugunsten eines zentralen Aufmarschplatzes in Mitte beschlossen, was dann im darauffolgenden Monat, am 7. September, durch eine Sprengung des im Krieg stark beschädigten Schlosses zeitnah ausgeführt wurde. (Später wurde für diesen Platz ein Hochhaus geplant, das aber wegen fehlender Finanzmittel nie gebaut wurde.)

Am 23. August 1950 beschlossen Ministerrat und Magistrat von Ostberlin in einer gemeinsamen Sitzung die in Moskau entstandenen »16 Grundsätze« als verbindliche Leitlinien für die städtebauliche Planung in Berlin und anderen Großstädten der DDR. Am 15. September wurden sie im *Ministerialblatt* der DDR publiziert. Damit hatten sie auch formal den Status eines verpflichtenden Gesetzes für alle Stellen, die im Bauwesen tätig waren.

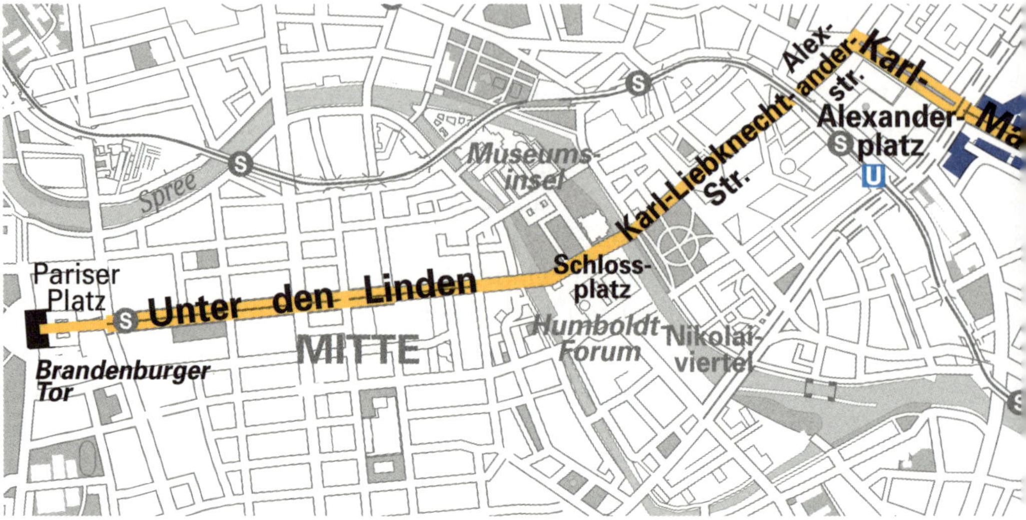

Die Idee einer Magistrale vom Brandenburger Tor bis zum Frankfurter Tor und darüber hinaus

16 GRUNDSÄTZE

»Die Stadtplanung und die architektonische Gestaltung unserer Städte müssen der gesellschaftlichen Ordnung der Deutschen Demokratischen Republik, den fortschrittlichen Traditionen unseres deutschen Volkes sowie den großen Zielen, die dem Aufbau ganz Deutschlands gestellt sind, Ausdruck verleihen. Dem dienen die folgenden Grundsätze:

1. Die Stadt als Siedlungsform ist nicht zufällig entstanden. Die Stadt ist die wirtschaftlichste und kulturreichste Siedlungsform für das Gemeinschaftsleben der Menschen, was durch die Erfahrung von Jahrhunderten bewiesen ist. Die Stadt ist in Struktur und architektonischer Gestaltung Ausdruck des politischen Lebens und des nationalen Bewusstseins des Volkes.
2. Das Ziel des Städtebaues ist die harmonische Befriedigung des menschlichen Anspruchs auf Arbeit, Wohnung, Kultur und Erholung. Die Grundsätze der Methoden des Städtebaues fußen auf den natürlichen Gegebenheiten, auf den sozialen und wirtschaftlichen Grundlagen des Staates, auf den höchsten Errungenschaften von Wissenschaft, Technik und Kunst, auf den Erfordernissen der Wirtschaftlichkeit und auf der Verwendung der fortschrittlichen Elemente des Kulturerbes des Volkes.

3. Städte ›an sich‹ entstehen nicht und existieren nicht. Die Städte werden in bedeutendem Umfange von der Industrie für die Industrie gebaut. Das Wachstum der Stadt, die Einwohnerzahl und die Fläche werden von den städtebildenden Faktoren bestimmt, das heißt von der Industrie, den Verwaltungsorganen und den Kulturstätten, soweit sie mehr als örtliche Bedeutung haben. In der Hauptstadt tritt die Bedeutung der Industrie als städtebildender Faktor hinter der Bedeutung der Verwaltungsorgane und der Kulturstätten zurück. Die Bestimmung und Bestätigung der städtebildenden Faktoren ist ausschließlich Angelegenheit der Regierung.
4. Das Wachstum der Stadt muss dem Grundsatz der Zweckmäßigkeit untergeordnet werden und sich in bestimmten Grenzen halten. Ein übermäßiges Wachstum der Stadt, ihrer Bevölkerung und ihrer Fläche führt zu schwer zu beseitigenden Verwicklungen ihrer Struktur, zu Verwicklungen in der Organisation des Kulturlebens und der täglichen Versorgung der Bevölkerung und zu betriebstechnischen Verwicklungen sowohl in der Tätigkeit wie in der Weiterentwicklung der Industrie.
5. Der Stadtplanung zugrunde gelegt werden müssen das Prinzip des Organischen und die Berücksichtigung der historisch entstandenen Struktur der Stadt bei Beseitigung ihrer Mängel.

6. Das Zentrum bildet den bestimmenden Kern der Stadt. Das Zentrum der Stadt ist der politische Mittelpunkt für das Leben seiner Bevölkerung. Im Zentrum der Stadt liegen die wichtigsten politischen, administrativen und kulturellen Stätten. Auf den Plätzen im Stadtzentrum finden die politischen Demonstrationen, die Aufmärsche und die Volksfeiern an Festtagen statt. Das Zentrum der Stadt wird mit den wichtigsten und monumentalsten Gebäuden bebaut, beherrscht die architektonische Komposition des Stadtplanes und bestimmt die architektonische Silhouette der Stadt.
7. Bei Städten, die an einem Fluss liegen, ist eine der Hauptadern und die architektonische Achse der Fluss mit seinen Uferstraßen.
8. Der Verkehr hat der Stadt und ihrer Bevölkerung zu dienen. Er darf die Stadt nicht zerreißen und der Bevölkerung nicht hinderlich sein. Der Durchgangsverkehr ist aus dem Zentrum und dem zentralen Bezirk zu entfernen und außerhalb seiner Grenzen oder in einem Außenring um die Stadt zu führen. Anlagen für den Güterverkehr auf Eisenbahn und Wasserwegen sind gleichfalls dem zentralen Bezirk der Stadt fernzuhalten. Die Bestimmung der Hauptverkehrsstraßen muss die Geschlossenheit und die Ruhe der Wohnbezirke berücksichtigen. Bei der Bestimmung der Breite der Hauptverkehrsstraßen ist zu berücksichtigen, dass für den städtischen Verkehr nicht die Breite der Hauptverkehrsstraßen von entscheidender Bedeutung ist, sondern eine Lösung der Straßenkreuzungen, die den Anforderungen des Verkehrs gerecht wird.
9. Das Antlitz der Stadt, ihre individuelle künstlerische Gestalt, wird von Plätzen, Hauptstraßen und den beherrschenden Gebäuden im Zentrum der Stadt bestimmt (in den größten Städten von Hochhäusern). Die Plätze sind die strukturelle Grundlage der Planung der Stadt und ihrer architektonischen Gesamtkomposition.
10. Die Wohngebiete bestehen aus Wohnbezirken, deren Kern die Bezirkszentren sind. In ihnen liegen alle für die Bevölkerung des Wohnbezirks notwendigen Kultur-, Versorgungs- und Sozialeinrichtungen von bezirklicher Bedeutung. Das zweite Glied in der Struktur der Wohngebiete ist

der Wohnkomplex, der von einer Gruppe von Häuservierteln gebildet wird, die von einem für mehrere Häuserviertel angelegten Garten, von Schulen, Kindergärten, Kinderkrippen und den täglichen Bedürfnissen der Bevölkerung dienenden Versorgungsanlagen vereinigt werden. Der städtische Verkehr darf innerhalb dieser Wohnkomplexe nicht zugelassen werden, aber weder die Wohnkomplexe noch die Wohnbezirke dürfen in sich abgeschlossene isolierte Gebilde sein. Sie hängen in ihrer Struktur und Planung von der Struktur und den Forderungen der Stadt als eines Ganzen ab. Die Häuserviertel als drittes Glied haben dabei hauptsächlich die Bedeutung von Komplexen in Planung und Gestaltung.

11. Bestimmend für gesunde und ruhige Lebensverhältnisse und für die Versorgung mit Licht und Luft sind nicht allein die Wohndichte und die Himmelsrichtung, sondern auch die Entwicklung des Verkehrs.

12. Die Stadt in einen Garten zu verwandeln, ist unmöglich. Selbstverständlich muss für ausreichende Begrünung gesorgt werden. Aber der Grundsatz ist nicht umzustoßen: In der Stadt lebt man städtischer, am Stadtrand oder außerhalb der Stadt lebt man ländlicher.

13. Die vielgeschossige Bauweise ist wirtschaftlicher als die ein- oder zweigeschossige. Sie entspricht auch dem Charakter der Großstadt.

14. Die Stadtplanung ist die Grundlage der architektonischen Gestaltung. Die zentrale Frage der Stadtplanung und der architektonischen Gestaltung der Stadt ist die Schaffung eines individuellen, einmaligen Antlitzes der Stadt. Die Architektur verwendet dabei die in den fortschrittlichen Traditionen der Vergangenheit verkörperte Erfahrung des Volkes.

15. Für die Stadtplanung wie für die architektonische Gestaltung gibt es kein abstraktes Schema. Entscheidend ist die Zusammenfassung der wesentlichen Faktoren und Forderungen des Lebens.

16. Gleichzeitig mit der Arbeit am Stadtplan und in Übereinstimmung mit ihm sind für die Planung und Bebauung bestimmter Stadtteile sowie von Plätzen und Hauptstraßen mit den anliegenden Häuservierteln Entwürfe fertigzustellen, die in erster Linie durchgeführt werden können.«

1950–1955: DIE STALINBAUTEN ENTSTEHEN

Erste Entwürfe von Henselmann und Paulick und die »Formalismus«-Diskussion

Hans Scharoun zog sich ab Ende 1950 aus Ostberlin zurück, er hatte als erfolgreicher und gefragter Architekt zahlreiche Projekte auch im Westen Berlins und Deutschlands übernommen. Sein zwölf Jahre jüngerer Mitarbeiter Hermann Henselmann (1905–1995) bemühte sich dagegen sehr darum, sich der neuen Linie anzupassen, die »16 Grundsätze« einzuhalten und den Geschmack der SED-Oberen zu treffen. Ursprünglich war er ein Anhänger der Ideen von Le Corbusier gewesen und nur zögerlich hatte er sich der konträr entgegengesetzten Linie der DDR-Führung angeschlossen, die er später nahezu offensiv vertrat. Die Anpassung war ihm also keineswegs auf Anhieb gelungen.

Die ersten geänderten Entwürfe, die Henselmann bereits im Juni 1950 für die »Wohnstadt Stalinallee«, wie die »Wohnzelle Friedrichshain« nun offiziell hieß, eingereicht hatte, wurden als »zu formalistisch« und »zu kosmopolitisch« abgelehnt. Ihm wurde vorgeworfen, »keine klaren Vorstellungen über die Forderungen, die unsere neue Gesellschaftsordnung an die Architektur stellen«, zu haben.

Doch Henselmann gab nicht auf. Ende August 1950 legte er erneut eine Planung für die Stalinallee in zwei Varianten vor, wobei die zweite Variante achtgeschossige Gebäude vorsah und eine Breite der Allee von 75 Metern. Diese zweite Variante wurde als Grundlage der weiteren Planung anerkannt und das »Kollektiv Henselmann« sollte im nächsten Schritt Detailplanungen und erste Grundrisse vorlegen.

Die Zeit drängte, da der Fünfjahresplan 1951–1955 den Bau einer großen Zahl von Wohnungen vorsah, die u.a. entlang der Stalinallee entstehen sollten. Am 1. Oktober 1950 lieferte Henselmann.

Henselmann hatte aus den Fehlern der Vergangenheit gelernt und sah dieses Mal umfangreiche Zierelemente an der Fassade vor wie Säulen, Gitter, Plas-

Hermann Henselmann (links)
mit Kurt Liebknecht (rechts)
und Edmund Collein (Mitte)

Entwürfe für die Stalinallee von
Hermann Henselmann 1. Oktober 1950

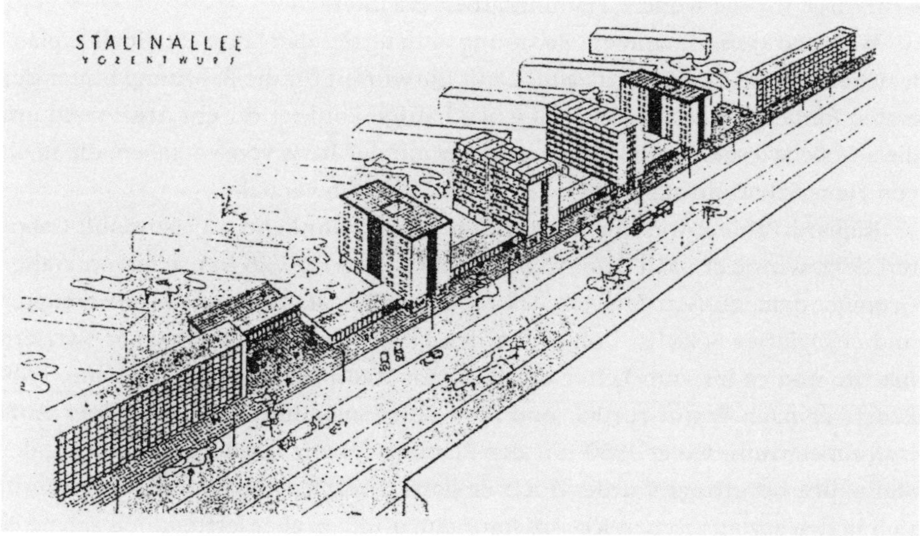

Ein Modell der Stalinbauten wurde der Öffentlichkeit präsentiert.

Richard Paulick

tiken und Sockel. Die Gebäude hatten ein Ladengeschoss und darüber sechs Geschosse mit Wohnungen. Beim Innenausbau sollte gemäß diesen Entwürfen nicht gespart werden: Vorgesehen waren Aufzüge, Müllschlucker, Zentralheizung und Einbauschränke. Sogar Gästewohnungen gab es im Erdgeschoss mancher Gebäude. Auch dieser Entwurf wurde zwar abgelehnt, aber als gute Grundlage für die weitere Planungsarbeit erachtet.

Während Henselmann die Bebauung entlang der damaligen Stalinallee plante, war sein Kollege Richard Paulick mit Entwürfen für die Bebauung hinter der ersten Reihe in südlicher Richtung beschäftigt, konkret für ein Areal rund um die »Weberwiese«. Paulick arbeitete dabei auf der Basis von Vorgaben, die noch von Hans Scharoun stammten, die er aber stark abwandelte.

Richard Paulick war ein Mann mit außergewöhnlichem Lebenslauf: Geboren 1903, wurde er nach dem Architekturstudium 1927/28 Assistent von Walter Gropius, dem großen Meister des Bauhaus-Stils in Dessau. Als überzeugter und engagierter Sozialist floh er vor den Nazis nach Shanghai, wo er Karriere machte und es bis zum Leiter des dortigen Stadtplanungsamtes brachte. 1949 kehrte er nach Berlin zurück und fand eine Anstellung im Ostberliner Aufbauministerium, wo er 1950 mit der Planung für die südliche Umgebung der Stalinallee beauftragt wurde. Auch er hatte zunächst große Probleme damit, sich in den sozialistischen Klassizismus einzufinden, aber letztendlich gelang es auch ihm. Von Paulick stammt der erste Entwurf für ein Gebäude, das wohl als das wichtigste Modell für die Bebauung der ganzen Stalinallee gesehen werden kann: das Hochhaus an der Weberwiese.

Ursprünglich war dieses Gebäude Teil eines Ensembles, das insgesamt 280 Wohnungen beinhalten sollte und unter der Bezeichnung »Wohnstadt Stalinallee Süd« geplant wurde. Aber das Hochhaus stach durch seine exponierte Lage und seine Höhe mit neun Stockwerken als Attraktion dieses Entwurfes sofort ins Auge. Der Entwurf wurde in der von Paulick vorgelegten Form zwar abgelehnt, aber als »entwicklungsfähig« eingestuft.

Parallel zu der Planung für dieses Areal hatte Paulick Anfang 1951 auch den Auftrag bekommen, eine Sporthalle zu entwerfen, die direkt an der Stalinallee entstehen sollte und die schon bis zu den 3. Weltfestspielen der Jugend im August 1951 fertiggestellt sein musste. Auch dafür legte Paulick einen Entwurf vor, der wiederum aufgrund seiner modernistischen Gestaltung abgelehnt wurde.

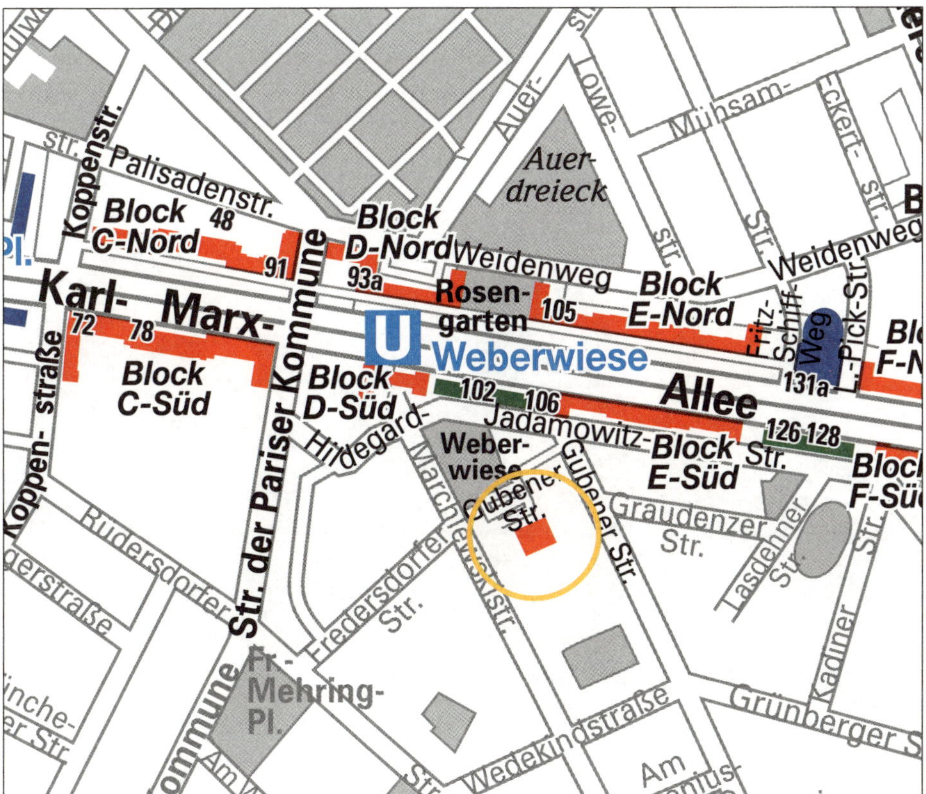

Die Lage des Hochhauses an der Weberwiese

Dieses Scheitern der ersten Entwürfe von Paulick und Henselmann fand vor dem Hintergrund einer heftigen kulturpolitischen Diskussion statt zwischen den noch verbliebenen Anhängern der kulturellen Entwicklungen der Jahre vor 1933 einerseits und der Parteilinie der SED andererseits. Auch institutionell kam es in der Baupolitik der DDR Anfang 1951 zu einer Machtverschiebung. Ende 1950 wurde die Deutsche Bauakademie in Ostberlin gegründet, die ab 1. Januar 1951 von Kurt Liebknecht geleitet wurde. Liebknecht war von seinem Exil in der Sowjetunion (1931–1948) und der dort verlangten Anpassung an die Obrigkeit offenbar stark geprägt. Er pflegte auch nach seiner Rückkehr nach Ostberlin enge Verbindungen zu der sowjetischen Besatzungsmacht in der DDR und schien bedingungslos linientreu gewesen zu sein.

Stadtplanung und Architektur waren nur ein Teil der Kampagne gegen die kulturellen Entwicklungen der Zeit zwischen den beiden Weltkriegen. Vom 15. bis zum 17. März 1951 fand z. B. eine kulturpolitische Tagung statt, die später als »Formalismus-Plenum« bezeichnet wurde. Dabei sprachen sich eine ganze Reihe namhafter Künstler, Schriftsteller, Maler, Theaterleute etc. (darunter auch Helene Weigel, die Schauspielerin und Lebensgefährtin von Bert Brecht) gegen die Leistungen von Kunst und Literatur der Weimarer Republik aus, weil sie die »Erfordernisse der Epoche« nicht erfüllen könnten. Stattdessen wurde

Kurt Liebknecht bei Kaffee und Kuchen mit sowjetischen Offizieren

Wohngebäude an der Gorkistraße in Moskau, entstanden ca. 1940

erneut der Rückgriff auf die Klassik empfohlen, die wesentlich besser dafür geeignet sei, den »Kampf um die Lebensfragen unseres Volkes« stilistisch zu begleiten.

Neben einer generellen Ablehnung des funktionalistischen Bauhaus-Stils und abstrakter Kunstformen sowie der Weigerung, von traditionellem Städtebau abzurücken, spielte es sicher auch eine Rolle, dass man in diesen Tagen des radikalen gesellschaftlichen Umbruchs die Leute nicht überfordern und ihnen zumindest auf dem Gebiet der Kultur Altbekanntes anbieten wollte. Die zahlreichen klassizistischen Bauten des staatlichen Baumeisters Karl Friedrich Schinkel (1781–1841) waren den Berlinern nun einmal eher vertraut als die schlichte Sachlichkeit der Bauhaus-Schule.

Vermutlich hat dieses traditionellere Kunstverständnis auch dem persönlichen Geschmack der politischen Elite der DDR mehr entsprochen, denn diese Leute kamen selbst oft aus einfachen Verhältnissen und hatten wenig Bezug zur kulturellen Avantgarde der Zeit vor dem Nationalsozialismus. Von Walter Ulbricht ist z.B. bekannt, dass er sich nicht nur über moderne Architektur, sondern auch über modernistisches Alltagsdesign von Möbeln oder Geschirr lustig machte und fest davon überzeugt war, dass das »Volk«, zu dem er sich zweifellos selbst zählte, eher traditionelle Muster und Formen bevorzuge.

Der erste Architektenwettbewerb

Nachdem die DDR-Führung mit den frühen Entwürfen von Henselmann und Paulick aus dem Jahr 1950 nicht zufrieden gewesen war und diese in einer Sitzung des Bau-Ausschusses am 31. Januar 1951 formal abgelehnt worden waren, reifte der Entschluss heran, einen offenen Wettbewerb zur Gestaltung der Stalinallee zu veranstalten. Eine hochrangig besetzte Wettbewerbskommission hatte zwei Monate an der Formulierung des Ausschreibungstextes gearbeitet, der schließlich am 25. April 1951 veröffentlicht wurde und tiefe Einblicke in die Intentionen der politischen Köpfe in Bezug auf die für die »Stalinbauten« als relevant erachteten Punkte gibt. Welche gesellschaftspolitischen Visionen verfolgt wurden und wie diese in Baustil und Bautechnik umgesetzt werden sollten, ist in dem im Anhang abgedruckten Text der Wettbewerbsausschreibung nachzulesen.

Am 29. März 1951 und damit während der Vorbereitungsphase des Wettbewerbs wurde das Gebiet um die Stalinallee herum als »Aufbaugebiet« deklariert, was nach der Rechtsordnung der DDR dem Staat umfangreiche Befugnisse zukommen ließ. Dies betraf insbesondere den Rechtsstatus der Grundstücke, die man für die Umgestaltung der Gegend von den Mietskasernen der Vorkriegszeit zu einer sozialistischen Prachtstraße mit repräsentativen Wohnpalästen brauchte. Insgesamt waren es 214 Grundstücke, die beplant wurden, wobei die Mehrheit davon – 182 Grundstücke – für die neu geplanten Wohnblöcke sowie die verbreiterte Allee und deren Grünanlage vorgesehen war.

Noch 1950 hatte die Vorgabe gegolten, dass auf Enteignungen verzichtet werden und man vorrangig auf Grundstücke im Staatsbesitz zurückgreifen solle. Nun, 1951, bröckelte diese Vorgabe und mit einer neu beschlossenen »Aufbauverordnung« vom August wurden auch Enteignungen endgültig zu einem akzeptierten Mittel der Grundstücksbeschaffung. Es wurden zwar Entschädigungen gezahlt, aber mit immerhin 93 Grundstückseignern konnte keine einvernehmliche Lösung über den Wert der Grundstücke erzielt werden. So unangenehm diese Umstände für die Grundstückseigner waren, so wichtig waren die Durchgriffsrechte des Staates hinsichtlich der Wettbewerbsausschreibung. Nur so waren eine Gestaltung des Gesamtareals als architektonische Einheit und die Planung eines Boulevards zwischen Strausberger Platz und Niederbarnimstraße (der sogenannte erste Bauabschnitt), der immerhin rund 2,3 Kilometer lang war und mitten in der Stadt lag, überhaupt möglich.

Abgabetermin für die Entwürfe war der 31. Juli 1951, den Architektenkollektiven blieb damit wenig Zeit, auch vor dem Hintergrund, dass ihre Arbeitskraft durch zahlreiche andere Bauprojekte in dem völlig zerstörten Berlin gebunden war.

Die Deutsche Sporthalle

Ein großes Relief und Statuen waren prägend für die Frontseite der Deutschen Sporthalle.

Das Architektenteam von Richard Paulick war im Frühsommer 1951 mit dem Bau der Deutschen Sporthalle beschäftigt, die zwischen der heutigen Lebuser Straße und Koppenstraße an die Allee gebaut wurde und die wegen der anstehenden Weltjugendfestspiele bis August 1951 fertiggestellt werden musste. Dieses Gebäude folgte, nachdem Paulick einen komplett veränderten Entwurf vorgelegt hatte, in der Stilrichtung erstmals den Vorstellungen der DDR-Führung: Es war klassizistisch, monumental, imponierend. An der Frontseite wurde sogar über dem Eingang ein Relief angebracht, das beim Abriss des Berliner Stadtschlosses übriggeblieben war. Später wurde dieses Relief dann durch ein anderes mit Motiven aus der Sportwelt ersetzt, der grundsätzliche monumentale Stil bleib aber erhalten. Die Deutsche Sporthalle musste innerhalb von 148 Tagen gebaut werden – für ein Bauwerk, das Sporteinrichtungen und Platz für rund 4000 Zuschauer bieten sollte eine enorme Herausforderung. Es war eine der erstaunlichen Leistungen dieser Zeit, dass dieser ehrgeizige Zeitplan bei dem Bau der Sporthalle tatsächlich eingehalten werden konnte.

Schon 1972 wurde die Sporthalle allerdings wegen Baufälligkeit abgerissen – offenbar hatte die Geschwindigkeit der Bauarbeiten doch negative Auswirkungen auf die Bauqualität. Der weiche Grund war bei der Planung im Jahr 1951 nicht ausreichend berücksichtigt worden und es gab schon nach zwölf Jahren so viele Risse und damit verbunden Risiken, dass das Gebäude 1971 als nicht sanierungsfähig eingestuft wurde.

Der zweite Architektenwettbewerb

Der Wettbewerb für die Stalinallee fand unter den Architekten des Landes große Resonanz, aber es gab auch Kritik daran. Während der Ausschreibungsphase wurden mehrfach der Zeitplan, aber auch inhaltliche Elemente infrage gestellt. So beanstandete z. B. ein Architekturprofessor, dass Ziegelbauweise vorgeschrieben war, wodurch die technischen Vernunft-Abwägungen der teilnehmenden Architekten in unangemessener Weise eingeschränkt würden. Doch die Initiatoren der Ausschreibung in der DDR-Führung ließen jegliche Kritik abprallen und lehnten Änderungswünsche kategorisch ab.

Termingerecht gingen daraufhin am 31. Juli 1951 insgesamt 46 Entwürfe ein. Es hatte sich herumgesprochen, dass die Stalinallee zu einem Prestigeprojekt und einem Modellfall für die Bauplanung in anderen Großstädten der DDR werden sollte und entsprechend viele reichten Entwürfe ein.

Das Preisgericht sortierte jedoch die meisten davon sehr schnell aus, weil sich viele der Architekten nicht eng genug an der Ausschreibung orientiert hatten oder die stilistischen Erwartungen nicht erfüllt wurden. Das Preisgericht sichtete und beurteilte im August die Entwürfe. Im Anschluss stand eine Besprechung mit Walter Ulbricht auf dem Plan, der die Stalinallee inzwischen zur Chefsache gemacht hatte.

Am Ende wurden fünf Architektenkollektive ausgezeichnet, die fünf Preise wurden folgendermaßen verteilt:

1. Preis: Kollektiv Egon Hartmann
2. Preis: Kollektiv Richard Paulick
3. Preis: Kollektiv Hanns Hopp
4. Preis: Kollektiv Karl Souradny
5. Preis: Brigade Kurt Leucht

Der erste Preis an den jungen Architekten Egon Hartmann aus Weimar war eine Überraschung. Hartmann war zu diesem Zeitpunkt 31 Jahre alt und ein weitgehend unbeschriebenes Blatt, was sich im Lauf seines Lebens ändern sollte. 1954 ging er nach Westdeutschland und blieb bis 1959 in Mainz, von dort zog er nach München um und gestaltete maßgeblich die dortige Fußgängerzone in

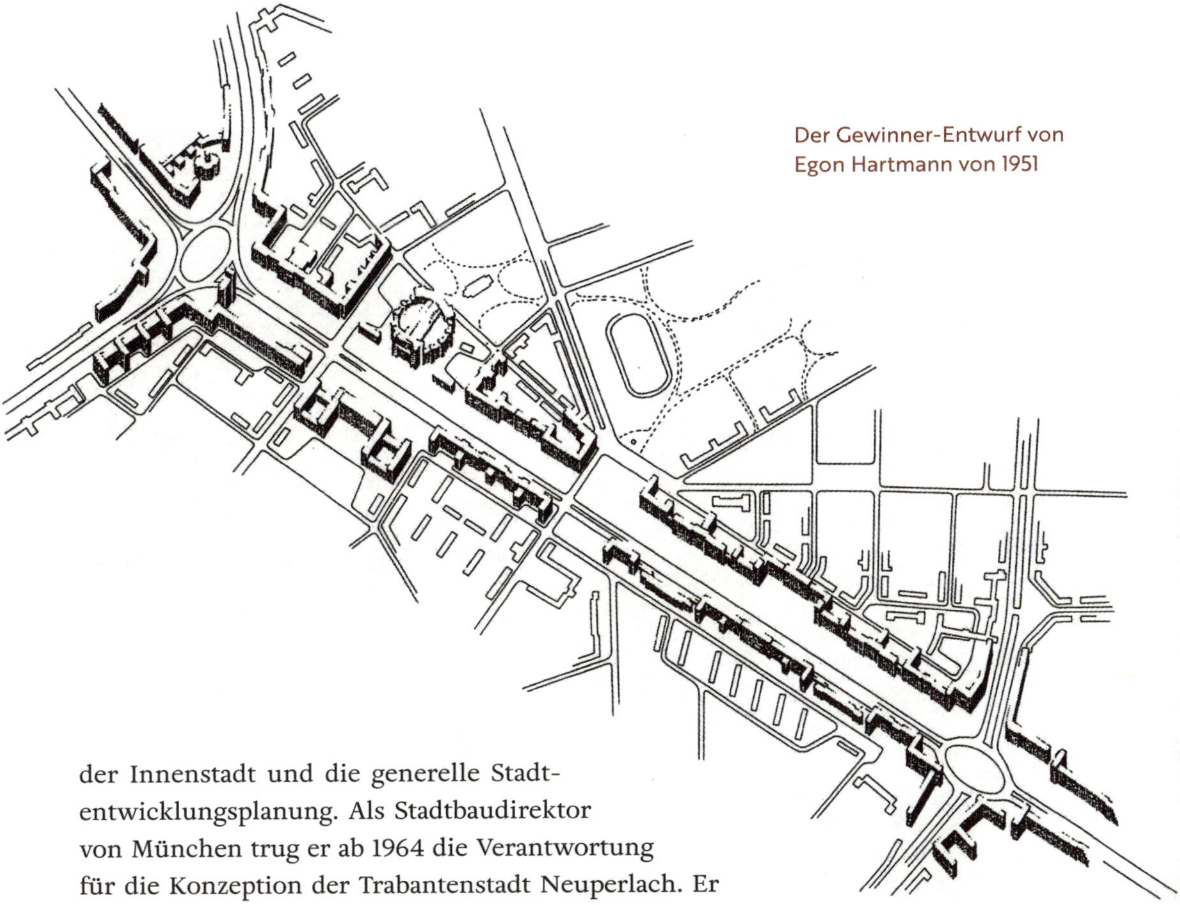

Der Gewinner-Entwurf von Egon Hartmann von 1951

der Innenstadt und die generelle Stadtentwicklungsplanung. Als Stadtbaudirektor von München trug er ab 1964 die Verantwortung für die Konzeption der Trabantenstadt Neuperlach. Er starb 2009 in München im Alter von 90 Jahren und hinterließ ein gewaltiges architektonisches Erbe der Nachkriegsmoderne.

Eine weitere Überraschung des Wettbewerbs war, dass Hermann Henselmann nicht unter den Preisträgern war. Dabei muss man wissen, dass parallel zu dem Wettbewerb zur Bebauung der Stalinallee auch eine Planung zu dem Gebiet um die Weberwiese lief, wobei – wie bereits erwähnt – Richard Paulick zunächst eine Planung vorgelegt hatte, die aus stilistischen Gründen abgelehnt worden war. Ein weiterer überarbeiteter Entwurf von ihm vom Mai 1951 hatte das gleiche Schicksal ereilt.

Das Hochhaus an der Weberwiese

Am 25. Juli 1951 wurden einige Architekten, darunter Paulick und Henselmann, einbestellt. Man trug ihnen auf, innerhalb von sechs Tagen einen Neuentwurf für die Gebäude rund um die Weberwiese vorzulegen, der nun endlich der »neuen Linie« des sozialistischen Klassizismus entsprechen solle. Fast gleichzeitig, am 29. Juli 1951, wurde Henselmann in einem Leitartikel der SED-Zei-

Richtfest im Januar 1952

Friedrich Ebert junior bei der Grundsteinlegung des Hochhauses an der Weberwiese

tung *Neues Deutschland*, verfasst von dessen Chefredakteur Rudolf Hernstadt, öffentlich scharf kritisiert. Der Artikel trug den Titel »Über den Baustil, den politischen Stil und den Genossen Henselmann«. Doch wenn man Helmut Engel (siehe Engel u.a. 1996) glauben darf, dann war das möglicherweise ein abgekartetes Spiel, um Henselmann in die Schranken zu weisen, was seine lockeren Sprüche anging. Tatsächlich war angeblich die Entscheidung beim Leiter der Bauakademie, Kurt Liebknecht, für den Henselmann-Entwurf der Bebauung des Areals um die Weberwiese schon gefallen, als der Artikel erschien. Der Entwurf von Henselmann gewann somit endlich die Zustimmung des Magistrats und er hatte damit Paulick übertrumpft, der sich lange um dieses Projekt bemüht hatte.

Im Mittelpunkt des Entwurfes von Henselmann stand das Hochhaus an der Weberwiese: ein Bau mit neun Stockwerken, einem Säuleneingang, zahlreichen Fassaden-Ornamenten mit Gittern aus Schmiedeeisen, Keramikfliesen aus Meißen und einer üppigen Innenausstattung. Das Gebäude hatte einen Aufzug,

Das Ensemble um die Weberwiese wurde auf Postkarten als Errungenschaft des Aufbauprogramms gepriesen.

einen Müllschlucker, jede der 33 Dreizimmer-Wohnungen hatte einen Telefonanschluss, eine Wechselsprechanlage mit dem Hauseingang und eine voll ausgestatte Küche mit elektrischem Herd und elektrischem Warmwasser-Speicher. Auf dem Dach gab es eine Dachterrasse, die u. a. mit einer Gemeinschaftsantenne ausgestattet war. Auch die Umgebung des Gebäudes war aufwendig gestaltet mit einer leicht gewellten Wiese und einem Teich.

Das Hochhaus an der Weberwiese überzeugte die staatlichen Auftraggeber nicht nur wegen des Stils, sondern auch weil es den Traum von den Wohnpalästen für die Arbeiter Wirklichkeit werden ließ. Es war die Inkarnation der Vision von einem reichen Arbeiter- und Bauernstaat, ein Stück Realität gewordene Utopie. Es wurde von da an immer wieder als Modell herangezogen und auf Bildern, Plakaten und Postkarten als solches propagiert.

Die Grundsteinlegung für die Bauten an der Weberwiese nahm am 1. September 1951 Bürgermeister Friedrich Ebert junior persönlich vor und schon am 12. Oktober 1951 begannen die Bauarbeiten. Tag und Nacht wurde gebaut, bereits am 19. Januar 1952 fand das Richtfest statt und schon am 1. Mai 1952 zogen die ersten Mieter ein. Auch dieser zeitliche Ablauf also eine erstaunliche Leistung aller Beteiligten an diesem Bauprojekt.

Links der kleine Teich vor dem Hochhaus an der Weberwiese, rechts eine Seitenansicht des Gebäudes

Zur Wahrheit gehörte aber auch, dass das Hochhaus an der Weberwiese mit all seinem Luxus an Ornamenten und Innenausstattung nur schlecht zu den ökonomischen Zwängen der Zeit nach dem Krieg passte. So war ursprünglich, ebenfalls im Jahr 1951, von der Staatsführung die Vorgabe entwickelt worden, dass für neu gebaute Wohnungen in der DDR ein durchschnittlicher Richtwert von 10.000 Ostmark zu damaligem Wert an Baukosten pro Wohnung einzuhalten sei. Schon bei der Planung stand fest, dass in dem Hochhaus an der Weberwiese jede Wohnung im Durchschnitt 78.000 Mark kosten würde, weshalb es vom Magistrat als »Ausnahmeprojekt« mit einem Zusatzbudget neben dem regulären Haushalt aufgenommen wurde. Nach Abschluss der Bauarbeiten wurden durchschnittliche Kosten von 90.000 Mark pro Wohnung festgestellt und damit das Neunfache dessen, was sich die DDR damals nach Ansicht ihrer Finanzplaner eigentlich an Baukosten pro Wohnung leisten konnte.

Die Frage, mit welchem Betrag die damaligen Kosten in Höhe von 90.000 Mark heute gleichzusetzen ist, lässt sich nicht ohne Weiteres beantworten, da die Verhältnisse in der DDR grundsätzlich anders waren als im heutigen Deutschland. Aber nimmt man vereinfachend das Durchschnittseinkommen als Vergleichsmaßstab, das in der DDR 1950 bei 265 Mark lag und vergleicht es entweder mit dem Brutto- oder mit dem Nettoeinkommen der heutigen deutschen Arbeitnehmer von rund 4100 brutto bzw. 2250 Euro netto, so ergibt sich ein Faktor, der irgendwo zwischen 8,5 und 15,5 liegt. Wendet man diesen Faktor auf die 90.000 Mark an, die eine Wohnung an der Weberwiese an durchschnittlichen Baukosten verursachte, dann entspräche das heute Baukosten pro Wohnung von rund 0,8 bis 1,4 Millionen Euro. Auch in der heutigen Zeit wäre die ökonomische Tragfähigkeit daher zumindest fraglich; im Berlin der Nachkriegsjahre war das Projekt den Erfordernissen der Zeit aber ganz sicher nicht angemessen.

Planung aus einem Guss – der Kienbaum-Plan für die Stalinallee entsteht

Am gleichen Tag, an dem die Grundsteinlegung an der Weberwiese stattfand, am 1. September 1951 also, erfolgte auch die Bekanntgabe der fünf Gewinner des Wettbewerbs für die Bebauung der Stalinallee. Das Preiskomitee machte jedoch deutlich, dass es zwar mit keinem dieser fünf Entwürfe vollkommen zufrieden sei, bei allen Entwürfen aber positive Elemente sehe.

Die Bauplanung für die Stalinallee wurde von zahlreichen Besuchern einer Ausstellung am Alexanderplatz begutachtet.

Die Entwürfe wurden vom 8. bis 22. September 1951 der Öffentlichkeit im Stadthaus am Alexanderplatz vorgestellt, Anmerkungen der Ausstellungsbesucher waren dabei ausdrücklich erwünscht. Rund 12.000 Menschen besuchten die Ausstellung, rund 450 von ihnen gaben auf Zetteln Kommentare ab, darunter auch viele kritische.

Ein Resultat der durchaus gemischten Beurteilung durch das Preiskomitee war die Entscheidung, dass die fünf Preisträger in einer Klausurtagung einen gemeinsamen Entwurf erarbeiten und eine Einigung über ihre Arbeitsteilung erzielen sollten. Es war ohnehin klar, dass ein Projekt dieser Größenordnung in der Umsetzungsphase nicht von einem Architektenkollektiv oder einer Meisterwerkstatt, wie Architektenbüros in der DDR genannt wurden, alleine gestemmt werden konnte.

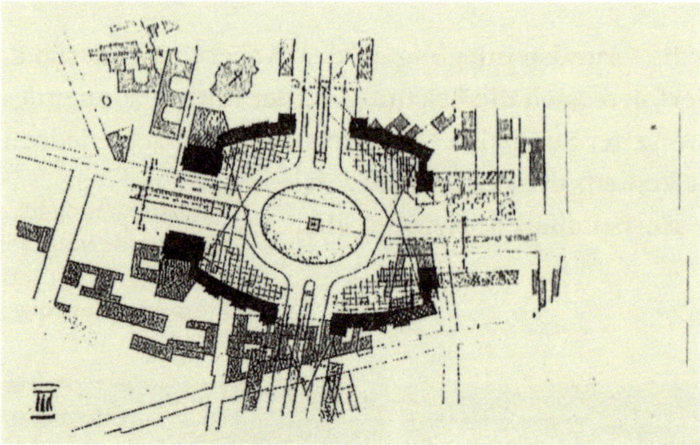

Hermann Henselmann: Die ovale Gestaltung des Strausberger Platzes

Die Aufteilung des Gesamtprojekts auf die Architekten

Die fünf Architekten, die den Wettbewerb gewonnen hatten, wurden in den kleinen Ort Kienbaum in Brandenburg, etwa eine Autostunde von Berlin entfernt, beordert. Vom 10. September bis zum 6. Oktober 1951 wurde dort diskutiert und große künstlerische Egos prallten aufeinander. Es entstand schlussendlich ein Entwurf, der die vielen Kompromisse widerspiegelte, die in dieser Gruppe von hochkarätigen Architekten geschlossen werden mussten.

Am 14./15. November fanden Besprechungen zu den Entwürfen zwischen der Bauakademie und der SED-Führung statt, am 15. November kam Walter Ulbricht persönlich dazu und gab seine oben bereits erwähnten detaillierten Anweisungen, was geändert werden müsse. So zum Beispiel die Fensterform, die Gestaltung der Dachgeschosse an einigen Stellen usw. Auch die Gestaltung des Strausberger Platzes, bei der Richard Paulick seinen Entwurf in Kienbaum durchgesetzt hatte, gefiel nicht.

Am 16. November waren die fünf Architekten dann eingeladen, ihren »Kienbaum-Plan« dem gesamten Politbüro der SED vorzustellen. Zu ihrer Überraschung war an diesem Tag Hermann Henselmann bereits anwesend, als sie eintrafen, weil er gerade einen Alternativentwurf für den Strausberger Platz vorgestellt hatte. Wie es dazu kam, dass Henselmann dies erlaubt wurde, ist weitgehend unbekannt, aber er hatte offenbar zu dieser Zeit bereits sehr gute Verbindungen zur Politiker-Elite der DDR und war durch die Weberwiese zu einem der »akzeptierten« Architekten der »neuen deutschen Linie« geworden.

Auch Henselmanns Entwurf wurde nicht ohne Veränderung angenommen. Am 23. Dezember kommentierten sowjetische Architekten in einem ganzseitigen Artikel im *Neuen Deutschland* die Entwürfe mit einer Reihe kritischer Anmerkungen. Schließlich, am 28. Dezember, stellte das Protokoll einer Polit-

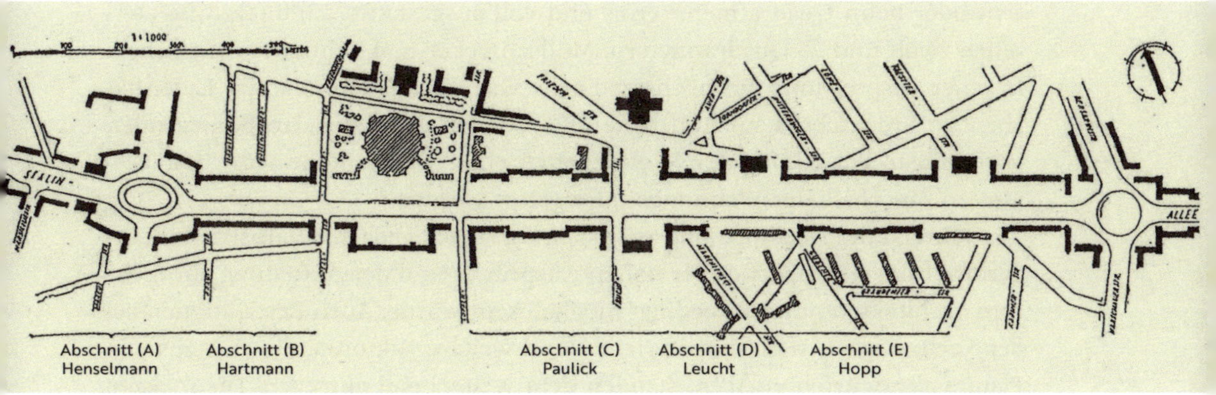

bürositzung fest, dass der letzte Entwurf Henselmanns für den Strausberger Platz – eine ovale Gestaltung – angenommen worden war.

Henselmann war damit Teil des gesamten Architekten-Teams für die Stalinallee geworden, das nun aus sechs Architektenkollektiven bestand, von dem jedes einen Abschnitt der Strecke zwischen Strausberger Platz bis Warschauer Straße zugewiesen bekam. Als Koordinator der sechs Architekten wurde Richard Paulick bestimmt. Er musste sofort seine Arbeit aufnehmen, denn schon am 1. Januar 1952 wurde mit den Bauarbeiten begonnen.

Der Architektenwettbewerb von 1951 bezog sich auf das Stück der Stalinallee vom Strausberger Platz bis zur Kreuzung mit der heutigen Petersburger Straße (damals Bersarinstraße) und Warschauer Straße. Der Abschnitt zwischen Frankfurter Tor und Niederbarnimstraße kam erst 1953 als Block G hinzu. Heute ist auch dieser Abschnitt gemeint, wenn in architekturhistorischen Publikationen von »erster Bauabschnitt« oder KMA 1 (Karl-Marx-Allee erster Bauabschnitt) die Rede ist. Block G wurde 1952 zur Planung bei dem Architektenkollektiv Hanns Hopp in Auftrag gegeben.

Am 26. Januar 1952 notierte der Protokollant einer Besprechung im Büro von Staatssekretär Willi Mayer, dass das Bauprojekt Stalinallee »durch Anwendung neuzeitlicher Leistungen der Architekten, Ingenieure und Brigaden richtungsweisend für die Fortsetzung aller Bauvorhaben für die Zukunft« sein solle. Geplant war also ein Gesamtkunstwerk, das als Modellprojekt für die zahlreichen anderen Bauprojekte dienen sollte, die es in dieser Phase des Wiederaufbaus in der DDR gab.

Wie schon aus den Ausschreibungsunterlagen zu dem Architektenwettbewerb von 1951 zu ersehen ist, waren auch hier, so wie bei dem Hochhaus an der Weberwiese, sehr hohe Standards hinsichtlich der Gebäudeausstattung vorgesehen. Auch hier sollte es Fahrstühle, Kellerräume für jede Wohnung, Küchen acht oder neun Quadratmeter groß und voll ausgestattet, Zimmergröße zwischen zwölf und 25 Quadratmetern, Müllschlucker und Zentralheizung geben. In einer Besprechung auf höchster Ebene war die Deckenhöhe der Ladenflächen im Erdgeschoss auf fünf Meter, die Geschosshöhe der darüberliegenden Wohnungen auf 3,30 Meter (dies führt zu einer Deckenhöhe von rund 2,90 Metern innerhalb der Wohnungen) festgelegt worden.

Während der Detailplanung zeigt sich, dass die angedachte industrielle Standardisierung angesichts dieser hohen Ansprüche und der Aufteilung auf mehrere Architekten nur sehr bedingt möglich sein würde. Auch Restriktionen bei der Verfügbarkeit von Baumaterialien und weitere Faktoren, die sich aus den Planungsentwürfen ergaben, standen dem weitgehend entgegen. Die meisten Bauabschnitte mussten daher in traditioneller Ziegelbauweise von qualifizierten Maurern vor Ort errichtet werden, nur die Decken und einige andere Teile konnten aus Beton vorgefertigt werden. Ziegel waren direkt vor Ort in großen Mengen verfügbar, da auf der Stalinallee und in der unmittelbaren Umgebung noch immer Berge von Bauschutt lagen, die eine enorme Zahl intakter Ziegelsteine beinhalteten.

Als weitere Herausforderung kam hinzu, dass die Staatsführung eine sehr ehrgeizige Vorstellung vom Zeitplan hatte: Die Fertigstellung der Gebäude sollte schon bis Ende 1952 erfolgt sein, spätestens bis zum 73. Geburtstag von Stalin am 21. Dezember.

All dies führte zu kalkulierten durchschnittlichen Baukosten von 40.000 Mark pro Wohnung – auch hier wurde also die einmal beschlossene Deckelung der Baukosten von 10.000 Mark pro Wohnung um ein Vielfaches überschritten.

Um den Zeitplan einhalten zu können, stellten die beauftragten Architektenkollektive Dutzenden von Leuten ein, die die Zeichnungen für die Leute am

Bau erstellten und manuell die erforderlichen Kopien herstellten. Dabei liefen die Bauarbeiten während dieser Phase bereits in vollem Umfang, es wurde also gleichzeitig gebaut und gezeichnet. Angeblich wurden schon am 1. Januar 1952, als die Architekten gerade einmal einen genehmigten Grobentwurf vorliegen hatten, die ersten Baugruben ausgehoben. Unfairerweise wurde in Zeitungsartikeln der staatlich kontrollierten Medien jedoch bereits im Januar/Februar 1952 angemahnt, dass die Bauzeichner ihr Plansoll ernster nehmen sollten. So erschien zum Beispiel in der Zeitschrift *Junge Welt* der Artikel »Wo bleiben die Bauzeichnungen?« – und das obwohl in den Zeichenstuben meist von frühmorgens bis spätabends gearbeitet wurde.

Wie so oft bei übereilt begonnenen Bauprojekten kam es auch hier immer wieder zu Änderungen nach Erstellung der Bauzeichnungen, sodass diese überarbeitet werden mussten. Die damit verbundenen praktischen Schwierigkeiten schildert der Architekt Hanns Hopp in einem Beschwerdebrief an den Präsidenten der Bauakademie Kurt Liebknecht am 28. Februar 1952: »Die Pläne wurden der Bauleitung fristgerecht überreicht. Nach Fertigstellung dieser Planungsunterlagen traten jedoch Änderungen ein, die bis dahin nicht vorgesehen waren, sondern uns von höherer Stelle aufgegeben wurden, und den bereits erreichten Vorsprung in der Planung wieder zunichtemachten. Da die notwendigen Pläne bereits fertig waren, mussten diese Änderungen auf allen vorhandenen Plänen durchgeführt werden.« (Vgl. Nicolaus/Obeth, 1997 S. 154)

Baupläne wurden an der Baustelle oft flexibel gehandhabt.

Die Bauzeichnungen wurden zwar von der Baubehörde innerhalb von einem Tag bautechnisch geprüft, doch auf der Baustelle wurden immer wieder praktisch notwendige Abweichungen vom Bauplan beschlossen und von Ingenieuren vor Ort rasch abgesegnet, aus Angst davor, ansonsten dem Vorwurf der Verzögerung und Trägheit ausgesetzt zu sein.

Das Nationale Aufbauprogramm (NAP)

1951 waren die Arbeiten der Enttrümmerung in ganz Berlin bei Weitem noch nicht abgeschlossen, immer noch lagen weit über zehn Millionen Tonnen Schutt in der Stadt. Vertraulich gehaltene Berechnungen im Rahmen der Aufstellung des Fünfjahresplans zeigten, dass es mit der bisherigen Geschwindigkeit noch viele Jahre dauern würde, den Schutt zu beseitigen. Das war wohl mit einer der Auslöser für Überlegungen, die Ende 1951 zum sogenannten Nationalen Aufbauprogramm führten. Dahinter stand die Idee der SED-Führung, durch eine Massenmobilisierung die ehrgeizigen Pläne des Wiederaufbaus schneller und kostengünstiger zu erledigen als es sonst möglich gewesen wäre. Bereits am 25. November 1951 war dazu ein ganzseitiger Artikel im *Neuen Deutschland* erschienen, der mit dem Wort »Vorschlag« überschrieben war. Ein Vorschlag der Parteiführung an das Volk, sich mit Geld und Arbeitskraft an einem raschen Wiederaufbau zu beteiligen und auf diese Weise ein schöneres Land mit schöneren Städten zu schaffen, als es vor dem Krieg existiert hatte.

Ganz offenbar waren die Initiatoren in der SED-Führung zutiefst davon überzeugt, dass in der Bevölkerung Kraftreserven schlummerten, die geweckt werden konnten, wenn man nur genug Begeisterung für ein gemeinsames Ziel erweckte. Dass die Massenmobilisierung nicht ganz ohne materielle Anreize funktionieren würde, war den SED-Führern allerdings klar und führte zu einer sehr ungewöhnlichen Lotterie, bei der den freiwilligen Helfern folgende Anreize versprochen wurden: Wer drei Prozent seines Einkommens im Jahr 1952 der Finanzierung des riesigen Bauvorhabens an der Stalinallee zur Verfügung stellte oder wer 300 Arbeits-

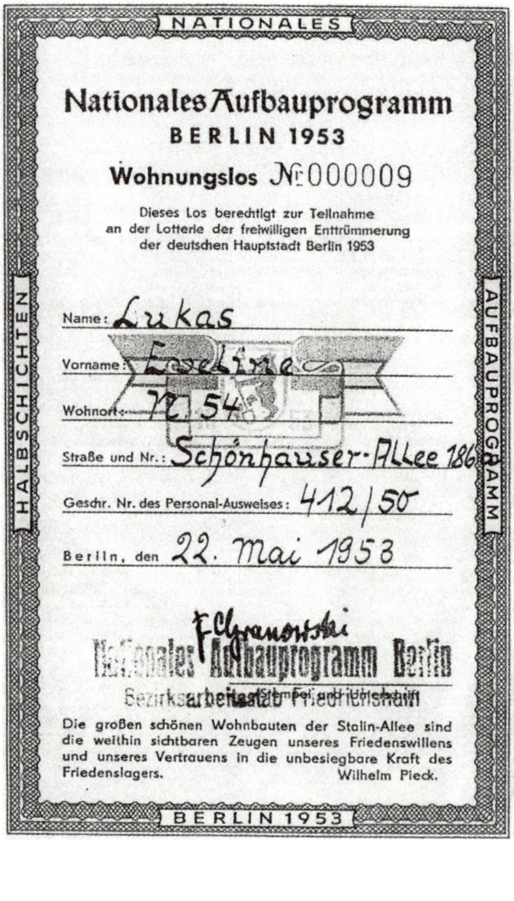
NATIONALES

Nationales Aufbauprogramm
BERLIN 1953
Wohnungslos № 000009

Dieses Los berechtigt zur Teilnahme an der Lotterie der freiwilligen Enttrümmerung der deutschen Hauptstadt Berlin 1953

Name: Lukas
Vorname: Eveline
Wohnort: N 54
Straße und Nr.: Schönhauser-Allee 186
Geschr. Nr. des Personal-Ausweises: 412/50
Berlin, den 22. Mai 1953

Nationales Aufbauprogramm Berlin
Bezirksarbeitsstab Friedrichshain

Die großen schönen Wohnbauten der Stalin-Allee sind die weithin sichtbaren Zeugen unseres Friedenswillens und unseres Vertrauens in die unbesiegbare Kraft des Friedenslagers. Wilhelm Pieck.

HALBSCHICHTEN — AUFBAUPROGRAMM — BERLIN 1953

Freiwillige Aufbauhelfer konnten durch Arbeitseinsatz ein Lotterie-Los für eine Wohnung erhalten.

stunden an der Baustelle in der Stalinallee leistete, konnte Ende 1952 das Recht gewinnen, eine Wohnung zu sehr günstigen Konditionen zu mieten. Insgesamt 2000 Wohnungen (jeweils 1000 für die Geldleistungen und den Arbeitseinsatz) sollten auf diese Weise verlost werden. Ein weiterer Kernpunkt des Aufrufs war die Feststellung, dass sogenannte »Aktivisten« bei der Vergabe der Wohnungen bevorzugt würden.

Dieser Artikel im *Neuen Deutschland* vom 25. November 1951 entsprach dem kompletten Wortlaut eines Beschlusses des Zentralkomitees der SED, in dem das Programm, das zunächst für das Jahr 1952 vorgesehen war, im Detail beschrieben wurde:

Bürger Berlins!
Bürger der Deutschen Demokratischen Republik!
Bürger Westdeutschlands!

Nachdem der Fünfjahrplan beschlossen wurde, der von den Werktätigen der Deutschen Demokratischen Republik und des demokratischen Sektors von Berlin mit so großem Schwung verwirklicht wird, lenkt des Zentralkomitee der Sozialistischen Einheitspartei Deutschlands die Aufmerksamkeit aller Deutschen auf den Aufbau Berlins. Wir schlagen vor, die durch Kriegseinwirkungen zerstörte Hauptstadt Deutschlands innerhalb weniger Jahre neu aufzubauen und zwar schöner und großzügiger als sie bestand. Erforderlich ist dazu die Entfaltung einer nationalen Initiative. Andere Völker haben, unter ähnlichen Umständen, die Kraft zu einer solchen Initiative gefunden. Die Geschichte zeigt, dass auch das deutsche Volk imstande ist, große Leistungen im Namen der Nation zu vollbringen.

Die Ergebnisse einer nationalen Initiative zum schleunigen Neuaufbau Berlins werden – gerade unter den heutigen Umständen – außerordentlich sein: Schon im Jahre 1952 werden in Berlin ganze Stadtteile von Wohn- und Hochhäusern entstehen, die den Menschen zeigen, wie die Hauptstadt des einheitlichen, demokratischen Deutschlands nach Beendigung ihres Wiederaufbaues aussehen wird. Schon im Jahre 1952 werden viele Tausende von Familien, die das noch gestern nicht erhoffen konnten, in geräumige moderne Wohnungen einziehen.

Ein Aufbaufieber wird die Menschen erfassen – denn die Notwendigkeit liegt klar zutage, die Durchführbarkeit auch und das Ergebnis wird täglich vor den Augen wachsen. Zehntausende in Berlin, Hunderttausende außerhalb Berlins werden mit dem Namen der deutschen Hauptstadt auf den Lippen enttrümmern, mauern, schmelzen, gießen, fällen, forsten, transportieren usw.

In der gemeinsamen Arbeit für ein edles und nützliches Ziel werden sie nicht nur neue Maschinen erfinden und bessere Arbeitsmethoden schaffen, sie werden vor allem einander nahekommen. Die neuerstehende deutsche Hauptstadt wird Symbol des Lebens der deutschen Nation werden – in einer Zeit, in der die Deutschen wie nie zuvor um die Erhaltung ihres Vaterlandes bangen. Sie wird die Kraft zeigen, mit der die Deutschen für den Frieden, für die Einheit Deutschlands kämpfen. Die deutsche Hauptstadt, unser Berlin bisher gespalten und angeblich ohnmächtig, wird in ganzer Größe hervortreten und eine aktive Rolle bei der Herstellung der Einheit und eines dauerhaften Friedens übernehmen.

Wäre das schön? Es wäre schön. Ist es möglich, natürlich ist es möglich. Wenn das Volk seine Sprache, die Sprache des Fortschritts zu reden beginnt, ist jede Kulturtat möglich.

Ausgehend von solchen Erwägungen, unterbreitet das Zentralkomitee der Sozialistischen Einheitspartei Deutschlands in Verbindung mit der Landesleitung der SED Groß-Berlin nach gründlichen Beratungen mit Städtebauern, Architekten und Künstlern der Öffentlichkeit den folgenden Vorschlag zur Diskussion:

I.

Die friedliebenden Kräfte in Deutschland entschließen sich zur Durchführung des »Nationalen Aufbauprogramms Berlin«. Der erste Abschnitt dieses Programms ist das »Nationale Aufbauprogramm Berlin 1952«.

II.

Das »Nationale Aufbauprogramm 1952« beginnt am 1.1.1952 und endet am 31.12.1952. Es besteht aus folgenden Teilen:

a) Mit Schwerpunkt Stalinallee wird ein Stadtteil von Wohnhäusern und Hochhäusern gebaut, der für die Architektur und Stadtplanung der neu entstehenden deutschen Hauptstadt vorbildlich ist.

b) Mit Schwerpunkt Stalinallee, aber auch an anderen Stellen des demokratischen Sektors wird eine umfassende Enttrümmerungsaktion in Gang gesetzt, welche für den Aufbau des neuen Stadtteils die Hauptrohstoffe (Schrott, Träger und Steine) liefert.

c) Alle vom demokratischen Magistrat von Berlin und der Regierung der Deutschen Demokratischen Republik für das Jahr 1952 beschlossenen

Bauvorhaben in Berlin werden unvermindert durchgeführt und dem »Nationalen Aufbauprogramm Berlin« eingegliedert.

III.

Die große Aufgabe bei der Durchführung des »Nationalen Aufbauprogramm Berlin 1952« besteht darin, dass erhebliche finanzielle Mittel und Materialien über den Plan hinaus aufgebracht werden müssen, denn die laut Plan im Jahre 1952 zu erzeugenden Mittel sind auch laut Plan verteilt und können nicht ohne Schädigung der Volkswirtschaft abgezogen werden. Eben zur Lösung dieser Aufgaben bedarf es der nationalen Initiative.

IV.

Zur Aufbringung der finanziellen Mittel wird eine Aufbaulotterie nach folgenden Grundsätzen vorgeschlagen:

Die Bürger des demokratischen Sektors von Berlin und der Deutschen Demokratischen Republik zeichnen, sofern sie es wünschen, 3 % ihres Monatseinkommens (bei Selbstständigen 3 % des Einkommens) für die Dauer eines Jahres (1.1. bis 31.12.1952). Sie erhalten die gesamte eingezahlte Summe plus 3% Zinsen in drei Jahresraten am 1.7.1956, 1.7.1957 und 1.7.1958 zurück.

Außerdem berechtigt die monatliche Einzahlung von 3 % des Monatseinkommens – ohne Rücksicht auf die Höhe des eingezahlten Betrages – zum Empfang eines Loses. Das Los ist namentlich und nicht übertragbar.

Am 31.12.1952 kommen als Gewinne zur Auslosung:

1000 2- bis 3-Zimmerwohnungen in Berlin sowie Geldprämien nach einem aufzustellenden Schlüssel. Anstelle einer ausgelosten Wohnung kann eine Geldprämie in Empfang genommen werden. Die Gewinner der 1000 Wohnungen erhalten, in der Annahme, dass sie das Geld für die Einrichtung der Wohnung brauchen, den gesamten eingezahlten Betrag am 2.1.1953 zurück.

V.

Zur Beschaffung der Materialien (Steine, Stahl, Zement, Holz, Glas, Keramik usw. usw.) wird eine ineinandergreifende Aktion unternommen, die aus folgenden Teilen besteht:

Die unter 2b) genannte umfassende Aktion zur Enttrümmerung des demokratischen Sektors von Berlin. Je großzügiger, disziplinierter und enthusiastischer sich diese Aktion entfaltet, desto mehr Schrott, Träger und Steine werden gewonnen, je mehr Schrott, Träger und Steine gewonnen werden, desto mehr Gebäude können entstehen.

Alle Betriebe Berlins und der Deutschen Demokratischen Republik helfen – durch Abschluß von Wettbewerben zur überplanmässigen Erzeugung und Materialeinsparung – am Neuaufbau mit. Ihre Hilfe hat entscheidende Bedeutung, denn alle Betriebe sind mittelbar oder unmittelbar mit dem Materialbedarf des Neuaufbaus verbunden. Nur wenn der Schrott von den Berlinern überplanmässig herausgeholt, von den Stahlwerkern überplanmässig geschmolzen, von den Walzwerkern überplanmässig gewalzt, von den Eisenbahnern überplanmässig transportiert wird usw., stehen am Ende moderne Hochhäuser da. Und nur wenn die Bergarbeiter überplanmässig fördern, können die Stahlwerker überplanmässig feuern und die Eisenbahner überplanmässig transportieren. Es gibt keinen Betrieb, der ausserhalb dieses Kreislaufes stände.

VI.

Die neuen Bauvorhaben werden von der Berliner Bauarbeiterschaft durchgeführt, die sich bei der Errichtung der Bauten für die III. Weltfestspiele der Jugend und Studenten so sehr bewährt haben. Ihre Hauptaufgabe besteht nunmehr in der Entfaltung des Wettbewerbes zur systematischen Senkung der Baukosten und der Verbrauchsnormen durch neu verbesserte Arbeitsmethoden; Bauaktivisten aus der Republik werden zur zeitweisen Teilnahme am Neuaufbau Berlins eingeladen.

Im Maße der Notwendigkeit werden freiwillige Hilfskräfte aus der Bevölkerung zugezogen.

VII.

Zur Enttrümmerung des demokratischen Sektors wird die Berliner Bevölkerung aufgerufen. Das Gebiet wird in Enttrümmerungsobjekte aufgeteilt, für je ein Objekt wird eine Brigade zusammengestellt. Kern jeder Brigade ist die Spezialistengruppe, welche die Facharbeiten (Schweißen, Montieren, Sprengen usw.) durchführt. Kein Objekt darf zur Enttrümmerung freigegeben werten, bevor nicht eine eigene zu schaffende Arbeitsvorbereitungskommission bestätigt, dass alle Voraussetzungen für ein produktives und gefahrloses Arbeiten vorliegen. (Geräte und Zusammensetzung der Brigaden, Organisation des Trümmerplatzes usw.).

VIII.

Die grossen neuen Bauvorhaben und die Enttrümmerungsobjekte werden mit Radio-Lautsprecheranlagen und Scheinwerfern ausgerüstet. Die Rundfunksender werden ersucht, Spezial-Musik-Programme für die Bau- und Enttrümmerungsarbeiter zu senden. Die Theater, Kinos usw. werden ersucht, Sondervorführungen für die Bau- und Enttrümmerungsarbeiter zu veranstalten. Die Autoren, Komponisten usw. werden ersucht, das Leben auf den Baustellen zu studieren und zum Gegenstand ihrer Schöpfungen zu machen.

IX.

Die freiwillige Arbeitsleistung am Bau oder an der Enttrümmerung erfolgt in Halbschichten zu je 3 Stunden. Dadurch wird auch den Berufstätigen Gelegenheit zur Teilnahme gegeben. Wer 100 Halbschichten aufweist, erhält ein Los. Das Los ist namentlich und nicht übertragbar. Zur Auslosung an die Bau- und Trümmeraktivisten gelangen am 31.12.1952 weitere tausend 2 bis 3 Zimmerwohnungen in Berlin sowie Geldprämien nach einem aufzustellenden Schlüssel. Anstelle einer ausgelosten Wohnung kann eine Geldprämie in Anspruch genommen werden. Niemand kann zwei Wohnungen gewinnen.

X.

Auf dem Gebiet Stalinallee wird eine ständige Bauausstellung errichtet. Sie zeigt:

a) Die geschichtliche Entwicklung des Bauwesens und der Architektur.

b) Den jeweiligen Stand in der Entwicklung des Bauwesens und der Architektur in Deutschland (gezeigt am Beispiel des Neuaufbaus der Stadt Berlin im Jahre 1952).

Diese Ausstellung – mit ihrer Darstellung des neuen Menschen, der neuen Arbeitsmethoden, der neuen Baustoffe, der neuartigen Verwendung der Baustoffe, der neuen Maschinen usw. – wird zum Hebel für die Entfaltung einer systematischen und rationellen örtlichen Bautätigkeit in allen Städten und Gemeinden der Deutschen Demokratischen Republik. Die Bürger der Deutschen Demokratischen Republik unterstützen den Neuaufbau Berlins nicht nur deshalb, weil Berlin ihre Hauptstadt ist und weil der Neuaufbau Berlins die Einheit Deutschlands fördert, sondern vor allem auch deshalb, weil die in Berlin begonnene Initiative in der Republik fortgesetzt werden soll, sobald die nötigen Erfahrungen vorliegen.

XI.

Die Bürger Westdeutschlands, Arbeiter, Bauern, Wissenschaftler, Unternehmer werden aufgefordert, Vorschläge für die Mitarbeit der westdeutschen Bevölkerung am »Nationalen Aufbauprogramm Berlin 1952« zu entwickeln. Die Architekten in Westdeutschland und Westberlin werden aufgefordert, ihre Vorschläge und Entwürfe für den Neuaufbau Berlins einzureichen.

XII.

Die im demokratischen Sektor von Berlin 1952 fertiggestellten Wohnungen werden in erster Linie den Aktivisten (Betriebsaktivisten, Bau- und Trümmeraktivisten usw.) den Werktätigen zur Verfügung gestellt. Eine eigene zu schaffende Kommission erstattet der Öffentlichkeit mit genauen Ziffern darüber Bericht, dass die Wohnungen tatsächlich in die Hände der Werktätigen gegeben wurden.

XIII.

Zur Leitung des »Nationalen Aufbauprogramms Berlin 1952« wird ein »Nationales Komitee für den Neuaufbau der deutschen Hauptstadt« gebildet, dem Vertreter aller zustimmenden Parteien und Organisationen sowie Einzelpersönlichkeiten angehören können. Das »Nationale Komitee« gliedert zur operativen Führung einen Stab aus. Als erste Maßnahme wendet sich das »Nationale Komitee« an die Magistrate in Berlin und die Regierungen in Deutschland mit der Bitte um Unterstützung des »Nationalen Aufbauprogramms Berlin 1952«.

XIV.

Insbesondere schlägt das »Nationale Komitee für den Neuaufbau der deutschen Hauptstadt« der Bevölkerung in Westberlin und den Westberliner Behörden vor, den Neuaufbau Berlins auch in Westberlin zu beginnen, durch Überprüfung der gesamten Stadtanlage, Festlegung der Hauptstraßenzüge, sowie Errichtung von räumlich und architektonisch geschlossenen Stadtteilen von Wohnhäusern und Hochhäusern im Jahre 1952.

Bürger Berlins!

Bürger der Deutschen Demokratischen Republik!

Bürger Westdeutschlands!

Wir sind überzeugt, dass es genügend Deutsche gibt, die diesen Vorschlag begrüßen und aufgreifen. Wir zweifeln aber nicht daran, dass es einige Menschen in Deutschland geben wird, die auch diesen Vorschlag ablehnen und über ihn höhnen mögen. Mögen sie es. Das aus der Erde wachsende neue Berlin wird mit der Unwiderleglichkeit, die Tatsachen innewohnt, die Wahrheit erweisen. Mit jedem neuen Stein, jeder neuen Wohnung wird umso klarer werden – wer für den Frieden ist, für die Einheit Deutschlands und für den Wohlstand des Volkes!

Das Zentralkomitee der
Sozialistischen Einheitspartei Deutschlands

Vier Beispiele der vielen Motivations-Plakate im Zusammenhang mit dem »Nationalen Aufbauprogramm«

Großbaustelle Stalinallee

Interessant an diesem veröffentlichten »Vorschlag« war unter anderem, dass auch die Bevölkerung Westberlins (ausdrücklich in Punkt XIV) zur Kooperation und zum Mitmachen aufgerufen wurde.

Auch nach 1952 wurde das Nationale Aufbauprogramm einige Jahre lang für die Stalinallee fortgesetzt und auf andere Bauvorhaben in der DDR übertragen. So erfolgreich wie bei dem Bauprojekt Stalinallee wurde es an anderen Orten allerdings nicht.

Neben den materiellen Anreizen wurde eine massive Werbekampagne eingesetzt um die geplante Massenmobilisierung Realität werden zu lassen. Dazu gab es Radiowerbung und Plakate; Schulaktionen, ganze Betriebe, Vereine, Stadtteil-Organisationen und Gewerkschafts-Brigaden zogen – mal mehr, mal weniger freiwillig – zur Stalinallee, um dort publikumswirksam mitzuhelfen.

Während die Arbeiten liefen, wurden die Teilnehmenden zusätzlich durch Erfolgsmeldungen motiviert.

Besonders beliebt waren Meldungen zur Übererfüllung von Planvorgaben, vor allem wenn sie zustande kamen, obwohl die Planvorgaben bereits ehrgeizig definiert worden waren. Große Zahlen und vorzeitige Fertigstellung von Teilschritten gaben dem gesamten Programm den Anschein von märchenhaften Möglichkeiten der sozialistischen Masseninitiativen unter der Leitung von klugen Parteiführern.

Die durch das Nationale Aufbauprogramm erbrachten Leistungen waren aber nicht nur in der Propaganda, sondern auch in der Realität durchaus beachtlich. Die Historiker Alexander Obeth und Herbert Nicolaus zählen folgende Werte auf, die von freiwilligen Aufbauhelfern an der Stalinallee allein im Jahr 1952 erzielt wurden: Über vier Millionen Arbeitsstunden wurden geleistet und 38,4 Millionen Ziegelsteine, 1000 Tonnen Nutzstahl, 10.000 Tonnen Schrott, 183 Tonnen Buntmetalle sowie fast 680.000 Tonnen Schutt weggeräumt. Als Gesamtwert produzierten die freiwilligen Aufbauhelfer damit einen Geldwert von 12,7 Millionen Mark (Obeth/Nicolaus, 1997, S. 178).

Insgesamt rund 45.000 freiwillige Helfer waren im Jahr 1952 an der Stalinallee im Einsatz und nach allem, was wir heute wissen, nahmen sie aus unterschiedlichsten Motivationen teil: Echte Solidarität und Begeisterung für das sozialistische Bauprojekt war sicher mit dabei, dies zeigt schon die beeindruckende Summe von 200.000 Mark an geleisteten Spenden, die bis Ende Februar 1952 eingegangen war. Neben der Aussicht auf ein Los, auf Geld, auf eine Wohnung, auf gesellschaftliche Anerkennung, war sicherlich bei einigen auch echte Solidarität und Begeisterung für das sozialistische Bauprojekt dabei – und vermutlich auch

Teamwork, um den Schutt aus der Stadt zu entfernen

DDR-Politiker zeigten sich als »freiwillige Aufbauhelfer«: Links Walter Ulbricht (mit Mütze), rechts Erich Honecker

die Aussicht auf ein positives Gruppenerlebnis. Es waren Menschen der Kriegsgeneration, die hier arbeiteten jene Generation, die den Krieg verloren hatte. Viele von ihnen hatten schwere persönliche Schicksale erlebt und nicht wenige von ihnen waren wohl auch Unterstützer des Naziregimes gewesen und hatten nun ihre eigenen Irrtümer und Schuldgefühle zu verarbeiten. Man darf daher durchaus annehmen, dass ein Projekt wie die Bauarbeiten an der Stalinallee auch ein kollektives Therapie-Erlebnis war, ohne dass es als solches deklariert worden wäre.

Die freiwilligen Aufbauhelfer waren vor allem bei der Enttrümmerung, beim Transport von Material und als Hilfskräfte direkt bei den Maurerarbeiten eingesetzt. Die Arbeit war dreckig und anstrengend und zum Teil mit dem Tragen von schweren Lasten verbunden. Besonders deutlich wird dies am Beispiel der sogenannten Hucker, die in einer Arbeitsschicht zahlreiche Ladungen mit jeweils bis zu 40 Ziegelsteinen über Leitern am Baugerüst nach oben schleppen mussten – insgesamt mehrere Tonnen pro Tag!

Für die Polit-Prominenz der DDR gehörte ein Auftreten als freiwilliger Helfer in der Stalinallee zu den Pflichtterminen – jedenfalls so lange, bis das Foto davon gemacht war. Zu der großen öffentlichen Bekanntheit des Projekts kam es auch, weil die gesamte DDR-Wirtschaft mit Sonderleistungen zum Bauprojekt Stalinallee beitrug bzw. beitragen musste. Insgesamt waren im Jahr 1952 neben den 45.000 freiwilligen Helfern 23.000 professionelle Bauarbeiter in der Stalinallee tätig – ein erheblicher Teil der damals insgesamt in der DDR verfügbaren Fachkräfte im Bausektor. In Stahlwerken, Kabelfabriken, Fliesenfabriken und anderen Produktionsstätten für Baumaterialien wurde in der ganzen DDR unter Hochdruck für den Bedarf der riesigen Baustelle an der Stalinallee produziert. Die Staatsbahn stellte einen erheblichen Teil ihrer Transportwaggons und ihres Personals für die Beförderung dieser Materialie zur Verfügung.

Die Fotos aus der damaligen Zeit belegen, dass diese Hilfsleistungen von starkem Propaganda-Aufwand begleitet wurden, mit dem natürlich der Eindruck vermittelt werden sollte, dass es sich um Zusatzleistungen handelte, die auf Freiwilligkeit und Enthusiasmus beruhten.

Aus dem ganzen Land wurden Geräte abgezogen zum Einsatz an der Baustelle Stalinallee, hier ein Traktor.

Bauarbeiten in der Stalinallee mit ehrgeiziger Zeitplanung

Es gab zwar ähnliche Bauprojekte zur gleichen Zeit in Rostock, Leipzig und Magdeburg und natürlich auch an anderen Stellen in Berlin. Aber die Stalinallee war bei Weitem das größte und wichtigste. Es steht sogar die Behauptung im Raum, dass die Stalinallee zeitweise die größte Baustelle Europas gewesen sein soll. Hintergrund der Konzentration dieser Menge an volkswirtschaftlichen Kräften auf die Bauarbeiten in der Stalinallee war nicht nur der Modellcharakter, der diesem Projekt von der DDR-Führung zugeschrieben worden war, sondern auch der überaus ehrgeizige Zeitplan mit dem 21. Dezember 1952 – Stalins 73. Geburtstag – als Stichtag zur Fertigstellung des gesamten Ensembles vom Strausberger Platz bis zum Frankfurter Tor. Der Zeitplan der SED-Führung für die einzelnen Schritte des Projekts war anhand dieses Datums konstruiert worden und war damit eine rein politisch motivierte Terminplanung, die zwar wenig mit realistischer Bauplanung zu tun hatte, an der die Staatsführung aber auch nicht rütteln ließ.

Baubeginn:

10.01.1952	E-Süd
01.02.1952	B-Süd, C-Nord, E-Nord
10.02.1952	B-Nord
01.03.1952	A-Süd, C-Süd, D-Nord, E-Nord
20.03.1952	A-Nord, F-Nord

Beginn des Ausbaus:

20.04.1952	E-Süd, D-Nord
01.05.1952	B-Süd, C-Süd, F-Süd
10.05.1952	B-Nord
01.06.1952	A-Süd, C-Nord, D-Süd, E-Nord
20.06.1952	A-Nord, F-Nord

Die negativen Konsequenzen, die sich aus dieser politisch motivierten und praxisfernen Zeitplanung ergaben, waren zahlreich und gravierend. Schon bei Baubeginn Anfang 1952 ergaben sich Probleme, weil der Aushub der Baugruben bereits erfolgte, während die Bauzeichner noch an der Arbeit waren (siehe dazu auch weiter oben). Da aus diesem Grund vor Ort immer wieder Abweichungen von den ursprünglichen Bauplänen erforderlich waren, kam es zu zahlreichen Fehlentwicklungen an der Baustelle. So gab es z.B. Berichte, dass Gerüste und Lastenaufzüge immer wieder an der falschen Stelle aufgebaut wurden, weil mit unterschiedlichen Versionen der Baupläne gearbeitet wurde.

Insbesondere war aber die Zulieferung des erforderlichen Materials ein Problem und führte fast täglich zu verschiedenen Schwierigkeiten: Betonmischer gingen kaputt und konnten nicht rechtzeitig repariert werden, unbrauchbarer Zement wurde angeliefert oder es gab Lieferengpässe bei Stahl und anderen Materialien; vor allem aber das Fehlen von Baumaschinen stellte die Bauarbeiter vor Ort vor ständige Herausforderungen. Zudem hatte man sich dagegen entschieden, die Stalinallee ganz für den Verkehr zu sperren, so wie es eigentlich erforderlich gewesen wäre; eine Fahrbahn wurde für den Verkehr offengehalten. Dies führte dazu, dass die Baumaterialien von der Baustelle in einiger Entfernung gelagert werden mussten, etwa dort, wo heute das Kino International ist, wodurch die Wege vom Lager zur eigentlichen Baustelle relativ lang waren.

Irgendwann wurde der politischen Führung klar, dass es ein Problem mit dem konstruierten Zeitplan gab. Eine der Maßnahmen, die zur Behebung dieses fundamentalen Problems ergriffen wurde, war durchaus sinnvoll, nämlich die Einführung von kleinen Teams bestehend aus einem Maurer und zwei Helfern oder zwei Maurern und drei Helfern. Dabei schafften die (unqualifi-

Propagandaplakat an der Stalinallee 1952/53

zierten) Helfer Mörtel und Ziegel dorthin, wo sie gebraucht wurden, und die (qualifizierten) Maurer konnte sich ganz auf ihre Arbeit konzentrieren. Diese simple Methode der Effizienzsteigerung war zwar bereits in Fachzeitschriften zum Bauwesen im Jahr 1948 vorgestellt worden, wurde aber nun den Arbeitern vor Ort von russischen und polnischen Maurern in der Praxis gezeigt und daher als großer Erfolg der Zusammenarbeit unter sozialistischen Brudervölkern gefeiert.

Maurer arbeiteten in Dreier- oder in Fünfer-Teams.

Darüber hinaus zeigte man sich allerdings nicht bereit, Änderungen an dem Missmanagement auf oberster Ebene vorzunehmen. Die Starrheit der planwirtschaftlichen Strukturen und die unrealistische Zeitplanung zeigten ihre ersten Auswirkungen vor allem bei der Materialbeschaffung und der Arbeitseinteilung, doch auch die vielfältigen Zuständigkeiten bei diesem Prestigeprojekt waren nicht hilfreich. Zwar gab es ein »Aufbaukomitee« mit operativen Zuständigkeiten, das an das Politbüro der DDR berichtete. Daneben waren aber auch der Magistrat, der Ministerrat, das Ministerium für Aufbau und die staatliche Plankommission involviert.

Statt an diesen aufgeblähten Strukturen etwas zu verändern, wurden immer weitere Wettbewerbe ausgeschrieben, die die Arbeiter und Helfer vor Ort

Öffentliche Leistungsvergleiche sollten anspornen, wurden aber von vielen als Gängelei empfunden.

einem hohen Erwartungsdruck aussetzten. Irgendwann, im Folgejahr 1953, kam der Begriff der »Wettbewerbs-Diktatur« an dieser Großbaustelle auf. Doch die Führung setzte nach wie vor auf die Kraft der Begeisterung der Massen und sah dort, wo dies nicht zu den gewünschten Ergebnissen führte, eher ideologische Mängel als eigene Management-Fehler als Ursache.

Die Führungsebene begann Falschinformationen zu verbreiten, um von den eigenen Unzulänglichkeiten im Management des Gesamtprojekts abzulenken. So wurden z. B. immer wieder Leistungen von »Aktivisten« als Teil der Erfolgsmeldungen öffentlich gefeiert, worauf diese Leistungen dann zur Definition von Leistungszielen und Leistungsnormen herangezogen wurden. Allerdings waren viele dieser Erfolge unter künstlich geschaffenen, optimalen Arbeitsbedingungen zustande gekommen und daher keineswegs auf die gesamte Baustelle übertragbar.

Da es auch echte Fälle der Übererfüllung des Plansolls gab, war diese Verzerrung von Informationen zunächst für die Arbeiter an der Baustelle nicht ohne Weiteres erkennbar, manchmal handelte es sich auch um Mischungen aus tatsächlichen und konstruierten Bestleistungen. So konnte z. B. eine Lehrlingsbrigade am Block D-Süd die Fertigstellung des Rohbaus am 5. September 1952 melden, 25 Tage vor dem geplanten Termin, und wurde dafür öffentlich als Vorbild propagiert. Allerdings war diese Lehrlingsbrigade massiv von der dort zuständigen Trägergesellschaft VEB Bau mit Coaching durch erfahrene Kräfte unterstützt worden, was an anderen Stellen in der Stalinallee so nicht der Fall war und auch nicht flächendeckend der Fall sein konnte. In Block E-Süd erinnert noch heute ein Schild daran, dass dieses Gebäude von Lehrlingen errichtet wurde, was aber eben nur ein Teil der Wahrheit ist.

An die Sieger solcher Leistungs-Wettbewerbe wurden mit großem Pomp Ehrentitel vergeben so z. B. das »Rote Banner der Stalinallee« oder der Titel »Baustelle der ausgezeichneten Qualität«.

Im Laufe des Jahres 1952 und besonders Anfang 1953 kamen jedoch bei den Bauarbeitern an der Stalinallee immer größere Zweifel an den Belohnungsmethoden auf, denn immer weiter klafften Realität und Propaganda mittlerweile auseinander. Damit ging das wichtigste Kapital, das die Bauherren zur Verfügung hatten, nämlich die hohe Motivation einer Vielzahl von Menschen, immer mehr verloren und letztlich wurde hier die Keimzelle für den Aufstand gelegt, der am 17. Juni 1953 die gesamte DDR erschütterte.

Das »Rote Banner der Stalinallee« wurde als Anerkennung für besondere Leistungen überreicht.

Auch die Finanzierung lief nicht so, wie sich die SED-Führung es vorgestellt hatte. Das Gesamtbudget des Projekts war mit 180 Millionen Mark veranschlagt worden, wobei man sich 118 Millionen Mark aus den Einzahlungen in die »Aufbaulotterie«, die ein integraler Teil des Nationalen Aufbauprogramms war, erwartete. Bis August 1952 waren allerdings erst 42 Millionen Mark eingegangen, weswegen ein Nachschussbudget aus dem Staatshaushalt beschlossen werden musste. Dies führte nicht zuletzt zu dem Druck, die Baukosten zu verringern, wo immer das möglich war.

Technische Neuerungen, wie die von einfach konstruierten Bauaufzügen, der sogenannten »Bauhexe«, wurden mit großem Propaganda-Aufwand gefeiert, obwohl die technische Ausstattung der Baustellen nicht gut war. Insgesamt lag der Schwerpunkt auf der manuellen Arbeit vieler Hände, der Personalaufwand war enorm, der Einsatz von Baumaschinen im Vergleich dazu eher gering. Fertigteile wurden zum Teil an der Baustelle unter primitiven Bedingungen hergestellt, so z. B. Deckenteile aus Beton, die vor Ort in kleinen Anlagen gegossen wurden.

Trotz aller Widrigkeiten gelang es zwar, die Fertigstellungstermine für die Rohbauten weitgehend einzuhalten, allerdings wurden dabei oft Kompromisse bei der Bauqualität in Kauf genommen. Diese Mängel waren nicht ohne Weiteres sichtbar, hatten aber doch Auswirkungen bei den Verputzarbeiten und beim Einbau von Fenstern und Türen. Oft musste z. B. an den Mauern nachgebessert werden.

Hinzu kam, dass der Herbst 1952 kalt und regnerisch war, was vor allem bei den Arbeiten an den Außenfassaden ein Problem darstellte. Vorgesehen war die Verkleidung mit attraktiven Meißner-Keramikplatten, die aber angesichts der Witterungsbedingungen nur mit Hilfe von großen Heizgebläsen angebracht werden konnten. Nur einer der verantwortlichen Architekten, Karl Souradny, wagte es, die Anbringung dieser Platten zu dieser Jahreszeit zu verweigern und bekam dafür große Schwierigkeiten mit der SED-Führung. Dass er mit seiner Einschätzung Recht hatte, zeigte sich bald danach, denn schon wenige Jahre nach der Fertigstellung lösten sich viele der Platten, fielen herunter und führten zu aufwendigen Sanierungsarbeiten.

Am 21. Dezember 1952 waren im Abschnitt Block A bis F (Strausberger Platz bis Frankfurter Tor) von den 2140 geplanten Wohnungen weniger als die Hälfte bezugsfertig. Bei den fertigen Wohnungen war jedoch die Austrocknung noch nicht abgeschlossen, was in der Folge zu gravierenden Schäden und Schimmelbildung führte. Dies lag unter anderem auch an der verzögerten Fertigstellung des Heizkraftwerkes am damaligen Küstriner Platz (heutiger Name Franz-Mehring-Platz). Auch dort wurde übereilt gebaut, auch dort gab es die oben geschilderten Probleme bei der Materialbeschaffung. Außerdem war Ende November 1952 dann auch noch ein Gerüst eingestürzt, sodass das Heizkraftwerk nicht wie ursprünglich geplant im Oktober 1952, sondern erst im Januar 1953 in Betrieb genommen werden konnte. In Block C wurde daraufhin Ende 1952 sogar eine Dampflokomotive zur Beheizung der Neubauwohnungen vor den Gebäuden aufgestellt, aber eine künstliche Beheizung war bei der Menge der Wohnungen einfach nicht flächendeckend möglich.

Während im gesamten Jahr 1952 und in der ersten Hälfte 1953 auf der Baustelle hektische Betriebsamkeit herrschte und im Januar 1953 schon die ersten Wohnungen bezogen wurden, liefen im Hintergrund weitere Planungsarbeiten der Architekten, immer noch wurden städtebauliche und architektonische Entscheidungen von großer Tragweite gefällt.

Die Fassadenornamente

Fassadenornament am Feilnerhaus

Etwa ab Mitte 1952 mussten die Fragen der künstlerischen Gestaltung final entschieden werden. Dabei griff man nicht selten auf bereits bestehende klassizistische Gebäude als Muster zurück, denn so konnte man die Vorgabe der Beachtung von regionalen und nationalen Traditionen am leichtesten und mit möglichst wenig Risiko erfüllen. So berichteten Zeitzeugen davon, dass eine Gruppe von Bildhauern damit beauftragt wurde, Gipsabdrücke der Ornamente von Schinkel-Bauten zu machen, um diese nachzubauen. Bereits Hermann Henselmann war im Vorjahr ähnlich vorgegangen, er hatte Ornamente des Feilnerhauses von Karl Friedrich Schinkel nachbauen lassen. (Näheres dazu siehe Obeth/Nicolaus 1997, S. 157 ff.)

Darüber hinaus wurden aber auch originale Kunstwerke in Auftrag gegeben, Reliefs, Gemälde und freistehende Plastiken, die jeweils bestimmten Themen gewidmet waren. So sollte z.B. der Strausberger Platz dem Thema »deutsch-sowjetische Freundschaft« gewidmet sein oder der Abschnitt zwischen Strausberger Platz und der heutigen Petersburger Straße dem Thema »Freundschaft und gegenseitige Hilfe. Freundschaft der Völker, der Sportler, der Jugend, der Arbeiter, der deutschen Menschen in Ost und West«. Zum Teil gab es ganz konkrete Vorgaben wie z.B. für Treppenhäuser im Block F-Süd das Thema »Hilfe der Magdeburger, der Eisenbahner, der Berliner und aus der DDR«.

Die Reliefs, die in der zweiten Jahreshälfte 1952 aufgrund der Empfehlungen der Kunstkommission entstanden, waren allerdings nicht immer nach dem Geschmack und den Qualitätsvorstellungen der Auftraggeber. Und außerdem kamen Ende 1952/Anfang 1953 immer mehr Warnungen aus der Richtung der Budgetverwalter, sodass die Ausstattung mit Kunstwerken bei Weitem nicht so üppig ausfiel, wie von der Kommission vorgesehen. Auf die meisten der vorgesehenen Reliefs, Gemälde und Plastiken wurde letztendlich verzichtet.

Eine große Ansammlung von Reliefs mit Motiven der sozialistischen Vorstellungswelt ist an den Fassaden im Block C-Süd und C-Nord zu sehen, die von Richard Paulick gestaltet wurden. Auch heute noch sind diese Kunstwerke absolut sehenswert, allerdings kann man sie nur genau betrachten, wenn man eine Kamera mit Teleobjektiv oder ein Fernglas dabeihat, da sie sich vom zweiten bis zum siebten Stock erstrecken.

1952
1. NATIONALES AUFBAUPROGRAMM

Bezug der ersten Wohnungen und Wohnungsvergabe in den Folgejahren

Am 7. Januar 1953 konnten trotz aller Widrigkeiten die ersten 70 Mieter einziehen und die ersten Möbelwagen rollten über die verschneiten Straßen, begleitet von großem Pomp der Propaganda der SED. Der »Erfolg« wurde mit Berichten in allen Medien ausgiebig dargestellt; die Defizite, Verzögerungen und Misserfolge wurden mit keinem Wort erwähnt. Lautstark wurde kommuniziert, dass das Prinzip »vom Volk für das Volk« erfüllt worden sei und dass man darauf stolz sein könne.

Die luxuriöse Ausstattung der Wohnungen legt die Annahme nahe, dass viele der Fotos von glücklichen Neu-Mietern keineswegs gestellt waren. Wer in die Gebäude an der Weberwiese und der Stalinallee einziehen durfte, kam tatsächlich in den Genuss einer Wohnung, die für damaligen Verhältnisse ungewöhnlich schön und hochwertig ausgestattet war. Alles in allem hatten die Bauherren an der Stalinallee durchaus Grund auf das stolz zu sein, was dort entstanden war und den Bewohnern geboten wurde. Der Mietpreis wurde auf 90 Pfennig pro Quadratmeter festgelegt, was auch für die damalige Zeit ein äußerst günstiger Preis für eine solche Wohnung war.

Nicht nur bei dem Erstbezug, sondern kontinuierlich für mehrere Jahre bot der Wohnkomfort in der Stalinallee Material für die Propagandamaschinerie der DDR-Führung. Einige Musterwohnungen wurden der Bevölkerung zur Besichtigung freigegeben, das Interesse war trotz der eisigen Kälte in diesen Januartagen 1953 groß.

Auch Besucher aus dem Westen waren zur Besichtigung willkommen und nicht wenige von ihnen äußerten sich im Anschluss an den Besuch in westlichen Medien bewundernd über Qualität und Preis dieser Wohnungen. Schon davor, im Laufe des Jahres 1952, waren Besichtigungen der Baustelle Stalinallee für Besucher aus den Westsektoren Berlins ermöglicht worden, bei denen von der politischen Führung in Zusammenarbeit mit der sozialistischen »Nationalen Front« im Westen sogar Busfahrten nach Friedrichshain organisiert worden waren (vgl. Wolfgang Ribbe in Engel u.a. 1996, S. 118/119). Sichtbare Bauschä-

Links oben: Fassadenverzierung in der Karl-Marx-Allee; rechts oben und darunter: neoklassizistische Ornamente in der Karl-Marx-Allee
Links unten: Block C-Nord (Karl-Marx-Allee 81) mit Fassadenreliefs; daneben: Fassadenornamente mit sozialistischen Motiven an der Fassade von Block C

Einzug der ersten Mieter Anfang 1953 bei winterlichen Temperaturen

den, wie Risse oder nasse Wände wurden bei diesen geführten Besichtigungstouren »weg-erklärt« oder bagatellisiert.

Als weiteres Indiz für die Attraktivität dieser Wohnungen kann die Tatsache gelten, dass zwei der Architekten der Stalinbauten selbst dort einzogen: Richard Paulick und seine Familie in Block C-Nord und Hermann Henselmann in den sechsten Stock des südlichen Hochhauses am Strausberger Platz, in dem sich das Haus des Kindes befand. Wie die zehnköpfige Familie Henselmann dort lebte und wie sie mit den Nachbarn interagierten, beschreibt Helga Kurzchalia in ihrem Buch *Haus des Kindes* (Friedenauer Presse, 2021) als Zeitzeugin sehr anschaulich.

Daraus zu schlussfolgern, dass damals nur Partei-Bonzen und andere Günstlinge des Systems solche Wohnungen bekamen, wäre aber falsch. Nach offiziellen Statistiken befanden sich unter den rund 1150 Erstmietern Anfang 1953 immerhin 677 Arbeiter. Die Wohnungsvergabe folgte zunächst dem Versprechen, dass »Nationale Aktivisten« bevorzugt wurden, Menschen also, die im Sinne der SED-Führung als Antreiber und »Motivatoren« in der Stalinallee durch ihr eigenes Beispiel andere zu mehr Leistung angestachelt hatten. Diese Bevorzugung kam vor allem denjenigen zugute, die ihr Los durch Arbeitsleistung,

Eine Besuchergruppe besichtigte die gerade fertiggestellten Prachtbauten an der Stalinallee.

also durch mindestens 300 Arbeitsstunden freiwilliger Leistung erworben hatten. Ein Komitee der lokalen SED achtete auf die richtige »Durchmischung« der Bewohner, denn es war erklärtes Ziel, ein Wohnumfeld zu schaffen, in dem Arbeiter und Akademiker mit und ohne Parteibuch Tür an Tür wohnen und eine Hausgemeinschaft bilden sollten.

An dieser Stelle sind einige Anmerkungen zur Wohnungsvergabe in der Stalinallee in den Jahren nach 1953 bis zum Ende der DDR 1989 angebracht. Ab 1954 gab es konkrete Anweisungen, wie bei der Wohnungsvergabe zu verfahren sei, wobei diese Angaben in sich oft widersprüchlich waren. So war z. B. ab Februar 1955 eine Einteilung der Anträge auf Wohnungen in Dringlichkeitsstufen vorgesehen (Stufe I: Ingenieure, Lehrer, Ärzte, Künstler, Medienvertreter ... Stufe II: kinderreiche Familien und Menschen in schlechten Wohnverhältnissen ... III: Rentner). Gleichzeitig wurden Kontingente für VEB (Volkseigene Betriebe) mit Sitz in Friedrichshain und mit über 200 Beschäftigten zur Verfügung gestellt, bei denen diese Dringlichkeitsstufen keine Anwendung fanden. Schon zwei Jahre später, im Jahr 1956, wurden die Vergaberichtlinien modifiziert und es wurde »anerkannten Verfolgten des Naziregimes« und »Personen, die hervorragende Leistungen beim Aufbau der DDR und der Hauptstadt« geleistet

Glückliche Mieter in der Propaganda der DDR

hatten, ein Vorrang eingeräumt. Erst zweitrangig wurden nun Akademiker und kinderreiche Familien bedient. Betriebe und staatliche Behörden intervenierten aber immer wieder zugunsten ihrer Beschäftigten, sodass die schriftlichen Richtlinien sehr oft umgangen wurden.

Zu diesem Zeitpunkt waren jedoch die Wohnungen zwischen Strausberger Platz und Frankfurter Tor bereits bezogen, weshalb die neuen Richtlinien nur auf die Wohnungsvergabe in Block G zwischen Frankfurter Tor und Niederbarnimstraße (sowie auf frei werdende Wohnungen in den anderen Blöcken) Einfluss hatte.

Das Prinzip des Wohnungstauschs war zwar im ursprünglichen Reglement der Nationalen Aufbaulotterie ausgeschlossen, fand aber in den späten 1950er Jahren dennoch statt, wie heutige Bewohner berichten. Zudem zogen Bewohner um und nicht selten wurde eine Wohnung frei, weil ein Bewohner sich in den Westen abgesetzt hatte. Insgesamt wanderten zwischen 1949 und 1961 rund 2,8 Millionen DDR-Bürger in den Westen aus, Schätzungen zufolge verlor die DDR in den 1950er Jahren ein Drittel ihrer Akademiker. Dieser Braindrain wirkte sich natürlich und gerade auf die Verfügbarkeit von Wohnungen in den Stalinbauten aus.

Badezimmer mit damals modernster Einrichtung

Erst nach dem Mauerbau 1961 blieb die Bewohnerstruktur für einige Jahrzehnte relativ stabil, was auch mit dem überaus niedrigen Mietpreis, der bei 90 Ost-Pfennig pro Quadratmeter eingefroren worden war, sowie der allgemein in der DDR herrschenden Wohnungsnot zu tun hatte. Dass in den Stalinbauten eine Bewohnergruppe mit einer tendenziell höheren Affinität zur SED wohnte als woanders, könnte man aufgrund der Entstehungsgeschichte vielleicht annehmen, nachweisbar ist es aber nicht.

In Gesprächen mit den Erstbewohnern, auch nach dem Mauerfall, fällt immer wieder der Begriff der »Hausgemeinschaft«, nicht selten in der Rückschau verklärt (vgl. z. B. manche der Interviews in dem Buch von Queisser/Tiri, 2003). Gab es in den Gebäuden an der Stalinallee tatsächlich ein starkes Gemeinschaftsgefühl? Oder zeigt die DDR-Propaganda von der »sozialistischen Gemeinschaft in Wohngebäuden« nach Jahrzehnten immer noch Wirkung? Basiert das wahrgenommene Gemeinschaftsgefühl auf politischer Nähe der Bewohner von privilegierten Wohnungen in der Stalinallee zur SED und zur Grundphilosophie der DDR? Aus heutiger Sicht ist das schwer zu beurteilen. Einer der 2003 befragten Erstbewohner des Hauses des Kindes am Strausberger Platz lässt in seinen Erinnerungen erkennen, dass die Hausgemeinschaften an der Stalinallee durchaus einen Zwangscharakter entwickeln konnten: »Zu den Wahlen sollte die Hausgemeinschaft geschlossen im Wahllokal erscheinen. Wer nicht zur vereinbarten Zeit kam, wurde über die Haussprechanlage zur Wahl gerufen. Das war auch in anderen Hausgemeinschaften so üblich« (siehe Queisser/Tirri, 2003, S. 23).

Für die oberste Führungsschicht der SED entstanden bald schon die Villenviertel in Pankow und Weißensee. Bei der Vergabe der Wohnungen in den Stalinbauten spielte – wenn überhaupt – eine subtilere Form des politischen Wohlverhaltens eine Rolle – aber das war in der DDR bekanntermaßen ja mit allen Gütern und Privilegien der Fall.

Im Januar 1953 schien es jedenfalls für einen historischen Moment so, als ob die Vision von Arbeiterpalästen mit Luxuswohnungen für alle fleißigen Werktätigen und treuen Unterstützer der neuen sozialistischen Gesellschaft tatsächlich in Erfüllung gehen würde. Eine Vision, der man einen hohen Grad an Empathie nicht absprechen kann, einer Empathie, die in einer kurzen Anfangszeit der DDR bei der Motivation der regierenden SED-Politiker sicher eine große Rolle eingenommen hat.

Gaststätte Laternen-Klause am Auerdreieck

Die Stalinallee wird zur Einkaufsstraße

Die Stalinallee sollte nicht nur eine schöne Wohnallee, sondern auch Geschäftsstraße und Flanierboulevard auf gehobenem Qualitätsniveau sein. Dies war von Anfang an die Idee, weshalb in den meisten Erdgeschoss-Ebenen Räumlichkeiten für Läden, Gaststätten und kleine Dienstleister (z. B. Friseure) eingeplant worden waren. Allerdings begann die konkrete Planung für die Ausstattung dieser Läden erst, als die Bauarbeiten bereits angefangen hatten, was zu den oben ausführlich beschriebenen, generellen Problemen aufgrund des engen Zeitplans beitrug.

Insgesamt waren etwa 110 Gewerbeeinheiten geplant, von denen Ende 1952 nur etwa die Hälfte fertiggestellt wurden, auch hier mussten Baupläne nachgebessert und ausgedünnt werden. Ab Mitte 1953 lief das Vergabeverfahren für die Ladeflächen, ein Prozess, der wohl zumindest teilweise recht chaotisch verlief. Johanna Böhme-Klein (in Engel u. a., 1996, S. 145 ff.) berichtet exemplarisch über eine Besprechung zur Vergabe der Ladenflächen an der Stalinallee im Block F-Nord, an der rund 20 Vertreter von Ministerien, der Kommunalverwaltung Friedrichshain, von diversen staatlichen Unternehmen, Architekten und natürlich auch Vertretern der staatlichen Handelsorganisation

Innenansicht des Restaurants Budapest, früher an der Ecke Straße der Pariser Kommune/Karl-Marx-Allee

HO teilnahmen. Die angemeldeten Wünsche überstiegen die Möglichkeiten, z. B. was die verfügbare Fläche betraf, bei Weitem. Die Folge war ein Gezänk der unterschiedlichen Stellen, was dazu führte, dass sich Entscheidungen in die Länge zogen und im Ergebnis eher zu politischen Kompromissen statt zu ökonomisch sinnvollen Lösungen führten. Besonders amüsant und bezeichnend ist dabei das Beispiel eines Ladens für Zierfische, um dessen Betrieb sich das Ministerium für Handel und Versorgung und das Ministerium für Land- und Forstwirtschaft bis in die oberste Ebene der SED stritten. Der Laden befand sich im Erdgeschoss des nördlichen Turms des Frankfurter Tors und hielt sich dort bis nach 1990.

Auch Privatunternehmer aus dem Westen bekundeten vereinzelt Interesse, hatten aber keine echte Chance auf Zuteilung einer Ladenfläche an der prestigeträchtigen Stalinallee.

Als Schwierigkeit kam bei der Belegung der Gewerbeeinheiten hinzu, dass lange Zeit nicht geklärt war, wer für den Innenausbau verantwortlich war und

Weit über 100 Gewerbeeinheiten waren zwischen Strausberger Platz (Abschnitt A) und Frankfurter Tor geplant.

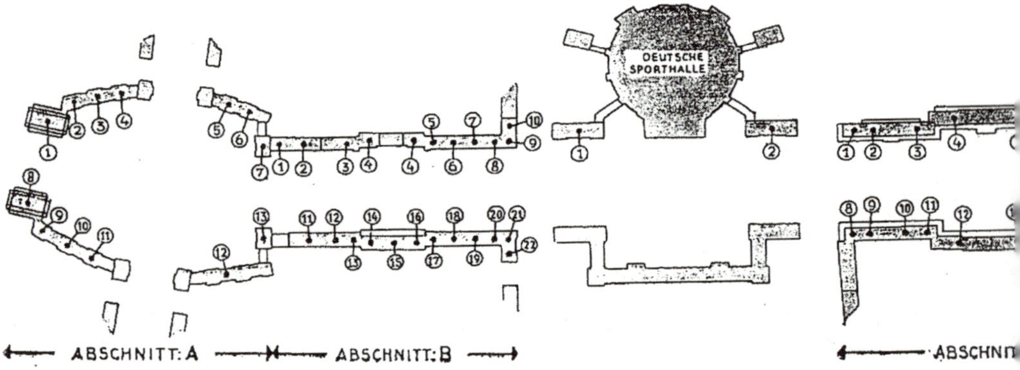

Übersicht der V

Abschnitt A:

		qm
1	Kinderkaufhaus	—
3	HO Elektr. Hausgeräte ..	—
3	HO Geschenkartikel	—
4	HO Pelze	—
5	ND-Verkehrsbüro	133
6	Konsum-Schuhe	75
7	HandwerkskammerFriseur	158
8	HO Speisegaststätte	—
9	HO Motorräder	171
10	HO Großsportgeräte	171
11	HO Kinderwagen	171
12	HO Möbel	515
13	Abteilung Gesundheitswesen und Städtische Apotheke	158

Abschnitt B:

		qm
1	Konsum-Süßwaren	78,55
2	HO Damenwäsche	220,70
3	HO Obst- und Gemüsekonserven	131,20
4	Büros	77,
5	Konsum-Milch	72,70
6	HO Uhren und Schmuck	154
7	HO Diät- u. Reformartikel	123,20
8	HO Weine u. Spirituosen	85,70
9	Konsum-Ausstellung	54
10	Konsum-Werbeatelier	96
11	Konsum-Jugendverkaufsstelle	249,70
12	Nationale Front, Aufklärungslokal	76
13	Wäscherei-Anstalt	56
14	Konsum-Wollwaren	192,50
15	Konsum-Glas und -Porzellan ....:	263,50
16	Konsum-Wäsche	192,50
17	HO Backwaren	96,50
18	HO Spezialgeschäft für Käse	143,10
19	HO Spezialgeschäft für Wurstwaren	124,50
20	HO Konditoreiwaren	100,50
21	HO Tabakwaren	90
22	HO Stadtküche	211

Vor der Sporthalle:

1 HO Schnellimbiß
2 HO Tanzcafé

Abschnitt C:

		qm
1	HO Fahrräder	248,30
2	HO Sportartikel	189,20
3	Konsum-Lebensmittel ..	311,40
4	HO Damen- und Herrenkonfektion	836
5	HO Glas, Porzellan und Keramik	424,30
	HO Beleuchtungskörper ..	524
6	HO Radios und Schallplatten	250
7	HO Weinrestaurant	1532
8	DHZ Blumen	215
9	HO Milchtrinkhalle	156
10	Konsum -Weine	
11	Konsum	
12	Großbu	
13	HO Ind HO Gar stoffe, T	
14	HO Fisc	
15	HO Näh	
16	HO Fei katesser	
17	HO Fle	
18	Konsum	

1 HO Spe Café
2 ND-The
3 Städtisc
4 OPD, Z
5 Konsum

Historisches Foto der Innenausstattung der ehemaligen Karl-Marx-Buchhandlung

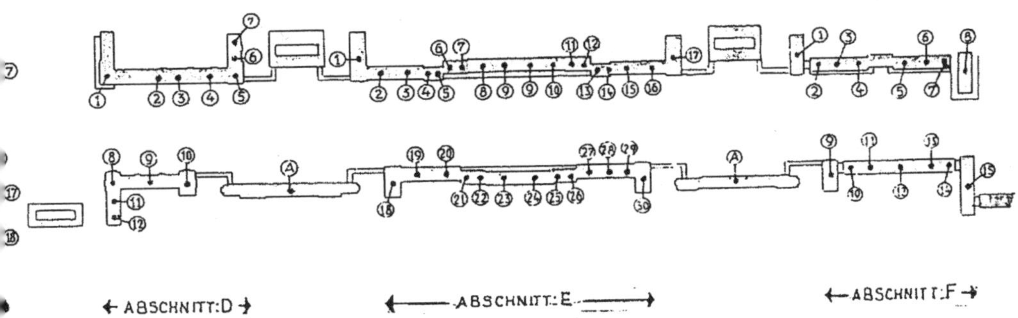

stellenplanung

	qm
d	
...	124,80
..	165
...	705
...	350
ons-	
..	628
en	309,20
...	139,70
...	221,70
..	153,80
...	184
:	
nd	
...	56
...	128
...	204
...	108

		qm
6	HO Ausstellung	80
7	Büros	56
8	Sparkasse Berlin, Filiale	96
9	SPOWA, sämtliche Sportartikel	320
10	Handwerk, Damen- und Herrenfrisiersalon	108
11	Annahmestelle für Wäscherei	80
12	Konsum-Backwaren	100

Abschnitt E:

		qm
1	Revier der Volkspolizei ..	—
2	HO Hüte und Putz	140
3	HO Drogerie	140
4	Konsum-Backwaren	60
5	Nationale Front, Aufklärungslokal	40
6	Konsum-Reformartikel ..	95
7	Konsum-Lebensmittel ..	195
8	Konsum	200
9	HO Schuhwaren	200
10	HO Strümpfe	200
11	Konsum-Stoffe	195
12	HO Kosmetik	95
13	Annahmestelle für Wäscherei	40
14	Konsum-Tabakwaren	60
15	HO Eisdiele	140
16	HO Feine Lederwaren....	140
17	HO Büros	220
18	Sanitätsstation	180
19	HO Wild und Geflügel ..	199,60
20	Konsum-Molkereiprodukte	197,90
21	HO Tabakwaren	92,70
22	HO Süßwaren	132
23	Konsum - Hausrat	450,30
24	HO Lehrverkaufsstelle ..	534,40
25	Konsum-Herrenartikel ..	88,90
26	HO Schreibmaschinen ..	92,30
27	HO Schreibwaren	145,50
28	Nationale Front, Aufklärungslokal	36
29	Konsum-Fische	129,50
30	HO Büros	180

Abschnitt F:

		qm
1	Konsum-Textilien	239
2	Konsum-Obstkonserven ..	82
3	Konsum-Lederwaren	149
4	Konsum-Lebensmittel ..	201
5	HO Strickwaren	201
6	HO Herrenartikel	168
7	HO Weine u. Spirituosen	82
8	HO Speisegaststätte	—
9	HO Musikalien	158,90
10	Konsum-Milch	85,50
11	Konsum-Fleisch u.-Wurst	172,70
12	HO Geschenkartikel	185
13	HO Foto — Optik	152
14	Konsum-Tabakwaren	62,30
15	HO Konzertcafé	—

Die Karl-Marx-Buchhandlung heute: denkmalgeschützt und als wunderschöner Büroraum genutzt

wer dafür finanziell aufzukommen hatte. Wie alles in der Stalinallee sollten auch die Inneneinrichtungen der Gewerbe sehr hohe Qualitätsstandards erfüllen, was zu weiteren Budgetproblemen für das Projekt Stalinallee insgesamt führte. Dies hielt die SED-Führung, und sogar Walter Ulbricht persönlich, aber nicht von weiteren preistreibenden Detailauflagen und Gestaltungswünschen ab. Dabei entstanden sehr viele, sehr schöne Gewerbeeinheiten, wobei die wirtschaftlichen Möglichkeiten der DDR häufig einfach ignoriert wurden.

Ein prägnantes Beispiel ist die opulente Ausstattung der früheren Karl-Marx-Buchhandlung in der Karl-Marx-Allee 78, die 2008 aus wirtschaftlichen Gründen geschlossen wurde. Heute sind die Räume anderweitig vermietet und nicht mehr öffentlich zugänglich. Im Oktober 1952 soll für den Ausbau der Karl-Marx-Buchhandlung der damals enorme Betrag von 500.000 Mark bewilligt worden sein (vgl. Obeth/Nicolaus, 1997, S. 243), das Zehnfache der Kosten einer Wohnung und nach heutigen Maßstäben ein Millionenbetrag in Euro.

Viele der Gewerbeeinheiten erwiesen sich trotz ihrer Ästhetik nicht als funktional. Die Zulieferungswege, die Lagerräume und die Räume von Gaststätten, die Beleuchtung und andere Details waren oft nicht zweckmäßig gestaltet und so mussten viele Kompromisse eingegangen werden, die bei rechtzeitiger

Die Apotheke Berliner Bär, die sich damals in Block D-Nord befand, dort wo heute das Computermuseum, das Restaurant Briefmarken und Wein und eine moderne Apotheke zu finden sind. Ein Foto aus dem Jahr 1953

Planung und Vergabe der Gewerbeflächen hätten vermieden werden können (Details sind sehr plastisch beschrieben in Obeth/Nicolaus, 1997, S. 242–250).

Noch heute führen diese Unzulänglichkeiten für die derzeitigen Gewerbebetreiber immer wieder zu Problemen, noch heute muss improvisiert und kreativ vorgegangen werden.

Seit 1990 hat sich insbesondere die viel zu geringe Zahl von Stellplätzen als großes Problem für die Ladengeschäfte herausgestellt. Damals war man von einer Zahl von 55 PKW pro 1000 Einwohner ausgegangen, heute ist die Zahl etwa zehn Mal so hoch. Zum Teil wird dies zwar durch die U-Bahnlinie U5 kompensiert, aber größere Einkäufe von schwereren Gütern oder in größeren Mengen waren schon damals schwierig und sind es auch heute noch.

So wie bei der Inneneinrichtung war auch beim Sortiment der Geschäfte das Beste gerade gut genug. Die Stalinallee war als überregionale Einkaufsstraße, vielleicht sogar als Einkaufsboulevard mit internationaler Bedeutung, konzipiert worden, die die Leistungskraft und die paradiesischen Zustände im Sozialismus einem breiten Publikum darstellen sollte. Demzufolge wurden hier Waren von der staatlichen Handelsorganisation HO angeboten, die der generellen Versorgungslage in der DDR schon damals in keiner Weise entsprachen und die es auch nur hier, in der Stalinallee, zu kaufen gab.

Luxus in der Stalinallee: links russische Pelze, rechts Werbung für »Spezialverkaufsstellen«

Das Angebot in der Stalinallee, wie hier Ananas-Konserven in einem Konsum (beide Bilder links unten und S. 89 unten), war in der DDR der frühen 1950er Jahre nicht üblich.

Blick in eine Fleischerei auf der Stalinallee

Die umstrittene Genehmigung der Türme des Frankfurter Tors

Eines der prägnantesten, vielleicht sogar *das* prägnanteste Gebäudeensemble der gesamten früheren Stalinallee sind die Zwillingstürme des Frankfurter Tors. Diese optische Dominanz war ursprünglich gar nicht geplant gewesen.

Die Kreuzung Stalinallee/Bersarinstraße (heute Frankfurter Allee/Warschauer Straße) war aus der Gesamtplanung für den Abschnitt vom Strausberger Platz bis zum Frankfurter Tor zunächst herausgenommen worden. In einer weiteren Ausschreibung, bei der neun Architektenkollektive im Oktober 1952 aufgefordert wurden, bis zum 15. Januar 1953 Vorschläge einzureichen, wurde nun das städtebauliche Konzept dieses Ortes genauer definiert und zwar wie folgt: Die Gestaltung sollte zwar zu den bereits existierenden Bauten passen, aber in ihren Abmessungen und in der Komposition eher »zurückhaltend« sein, denn es sollte »den vom Osten Kommenden den ersten städtebaulichen Akzent der ersten sozialistischen Straße« verdeutlichen, allerdings ohne diese in die Hauptstadt der DDR einreisenden Personen schon über Gebühr zu beeindrucken. Denn als städtebaulicher Höhepunkt war der zentral gelegene Aufmarschplatz südwestlich des Alexanderplatzes geplant, der damals Marx-Engels-Platz hieß. Heute befinden sich dort der Schlossplatz und das Humboldt Forum. Damals sah der Platz ganz anders aus. Historische Fotos zeigen einen kahlen Marx-Engels-Platz. Allerdings war an dieser Stelle eine imposante Bebauung geplant u. a. mit einem sehr hohen Gebäude, das auch vom Westen aus zu sehen gewesen wäre. Realisiert wurde es aufgrund von Sparmaßnahmen jedoch nicht.

Die neun Architektenkollektive legten im Januar 1953 insgesamt zehn Entwürfe zur Gestaltung der großen Kreuzung vor. Die Jury einigte sich relativ schnell auf die Aussonderung von sechs dieser Entwürfe, vier kamen in die engere Auswahl. Der Entwurf von Hermann Henselmann war der bei Weitem ungewöhnlichste. Während alle anderen Entwürfe Hochhäuser mit kubischer Grundgestalt vorsahen, hatte Henselmann in seinem Entwurf an der nordwestlichen und der südwestlichen Seite der Kreuzung jeweils einen runden Turm vorgesehen. Dieser Vorschlag war äußerst umstritten, da er von etwa der Hälfte der Jurymitglieder als zu extravagant betrachtet wurde. Besonders der damalige Chefredakteur der Staatszeitung *Neues Deutschland*, Rudolf Herrnstadt, setzte sich jedoch vehement und wortgewaltig für den Henselmann-Entwurf ein, weil er zu einer »Weiterentwicklung der sozialistischen Architektur« beitrage. Es ginge darum, so Herrnstadt laut Protokoll, »richtungsweisende städtebauliche und architektonische Ideen« zu finden. (Dies war derselbe Rudolf Herrnstadt, der noch im Juli 1951 Henselmann in einem Leitartikel im *Neuen Deutschland* so vehement kritisiert hatte).

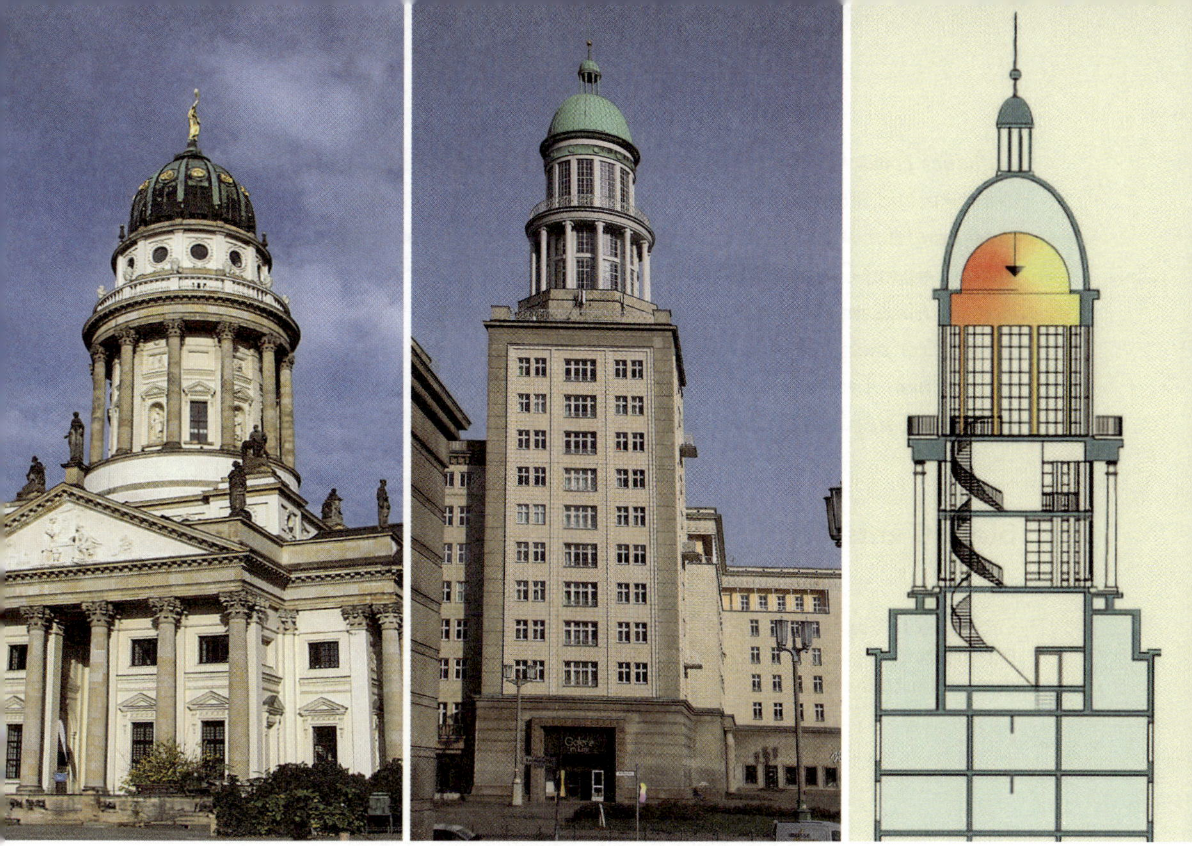

Der Französische Dom am Gendarmenmarkt (links) und der nördliche Turm des Frankfurter Tors (rechts). Querschnitt durch den südlichen Turm des Frankfurter Tors (Mitte)

Henselmann gewann den Wettbewerb. Dass die Türme, die er für den Platz vorgesehen hatte, zu pompös und aus dem Stadtbild zu herausstechend seien, empfanden Herrnstadt und die Jurymitglieder, die auf seiner Seite waren, offenbar nicht so.

Nachdem die beiden Türme gebaut worden waren, traten allerdings Kritiker auf, die genau dies aufgriffen und diese Türme als Ausdruck der Verschwendungssucht und als Auswüchse des Traditionalismus bezeichneten. Doch dazu weiter unten mehr.

Es war unzweifelhaft richtig, dass die Türme ein Rückgriff auf Traditionelles waren, denn sie waren offensichtlich denen am Gendarmenmarkt nachempfunden, die der Architekt Carl von Gontard 1786 für den Deutschen und den Französischen Dom gestaltet hatte.

Henselmann hatte seinem Entwurf einen Begleittext beigelegt. Ob dieser Text zur Überzeugung der Jury beigetragen hatte, ist nicht belegt. Aber er zeigt deutlich, dass Herman Henselmann es gelernt hatte, in dem Duktus der damaligen Zeit aufzutreten und sozialistischen Kitsch zu formulieren: »*Es ist klar, dass der Ideengestalt des Entwurfs aus dem sozialistischen Inhalt unseres gesamten*

Aufbaues erwachsen muss. Der Verfasser (= Henselmann) möchte folgende Idee ausdrücken: Die Stalinsche Sorge um den Menschen. Das Glück des Einzelnen, die freie Entfaltung der Persönlichkeit und die Interessen der gesamten Gesellschaft werden im Sozialismus in Übereinstimmung gebracht. Das Einzelne und das Allgemeine befinden sich im Einklang miteinander. Diese Idee versucht der Verfasser in die Sprache der Architektur auszudrücken mit solchen Bildern, die den Bilderlebnissen unseres Volkes entsprechen. Am Eingang der Stalinallee stehen Türme. Sie verkörpern die allgemeinen Prinzipien, sie repräsentieren die Demokratie.«

Block G entsteht

Während an anderer Stelle der Stalinallee bereits die Gebäude in der Fertigstellung waren, wurden für den Block G, also für das Teilstück von Frankfurter Tor

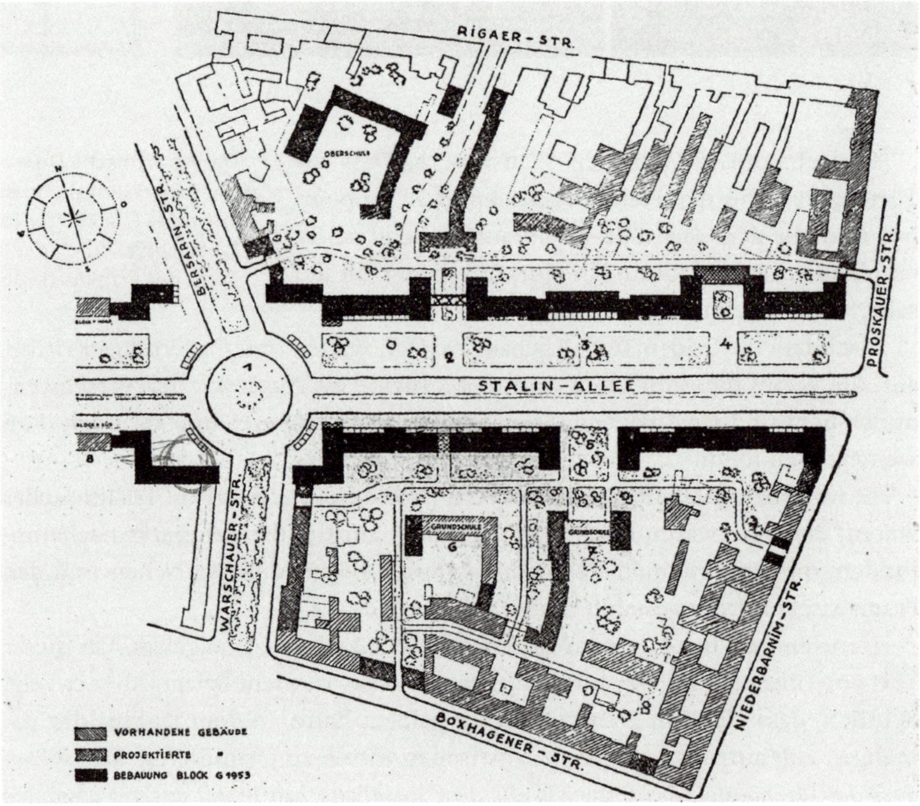

Entwurf von Block G Frankfurter Tor bis Niederbarnimstraße 1953

bis Proskauer- bzw. Niederbarnimstraße, Ende 1952 gerade erst die Projektierungsunterlagen und die Bauzeichnungen angefertigt. Der verantwortliche Architekt war Hanns Hopp, der die Vorgabe bekommen hatte, sich stilistisch an der bisherigen Bebauung vom Strausberger Platz bis zum Frankfurter Tor zu orientieren.

Die Architekten Hermann Henselmann (links) und Hanns Hopp (rechts) gemeinsam bei der Arbeit an Plänen, 1952

Auf der Südseite waren 269 Wohnungen geplant, auf der Nordseite 266 Wohnungen, jeweils zwei Drittel davon als Zweizimmerwohnungen. Auf der Südseite wurde ein Sockel geplant, da im Erdgeschoss ebenfalls Wohnungen vorgesehen waren, die im Hochparterre liegen sollten. Im November 1952 erfolgte der Aushub, im Oktober 1953 war Richtfest, kurz darauf zogen die ersten Mieter ein.

Die sukzessive Fertigstellung und der Einzug von Mietern zog sich auch an anderen Stellen des gesamten Projekts bis 1954 hin, die letzten Erstmieter der Stalinbauten zogen im Dezember 1954 in Block G an der Ecke zur Niederbarnimstraße ein.

Auch die Wohnungen in Block G waren wesentlich teurer geworden, als die ursprünglichen Vorgaben des landesweiten Aufbauplans (durchschnittlich 10.000 Mark Baukosten pro Wohnung) es vorgesehen hatten. Doch die Qualität war besser, denn in Block G wurden viele der vorherigen Fehler vermieden, man konnte auf Erfahrungswerte von den früheren Baustellen an der Stalinallee zurückgreifen. Für Block G gab es auch nicht mehr den Zeitdruck, das Gebäude bis zu Stalins Geburtstag fertigzustellen, denn der war im März 1953 verstorben. Man kann daher davon ausgehen, dass die Bauqualität in diesem »zweiten Abschnitt des ersten Bauabschnitts« insgesamt etwas besser ist als westlich des Frankfurter Tors.

Dennoch fand ein Großteil der Bauarbeiten an Block G in einer politisch sehr turbulenten Zeit statt, denn in genau diese Phase fielen die Unruhen im Juni 1953.

Der Aufstand am 17. Juni 1953

So weit wie möglich, verschwiegen die staatlich kontrollierten Medien die Verzögerungen beim Bau. Da aber die Gebäude für jedermann sichtbar noch nicht fertiggestellt waren, waren hier und da Erklärungen für die Verzögerungen unumgänglich. Herangezogen wurden unvorhersehbare externe Umstände, aber auch den Arbeitern vor Ort unterstellte man vage eine Mitschuld, indem in Publikationen auf »ideologische Defizite« verwiesen wurde, die man mit »Überzeugungsarbeit« ausmerzen wolle. Wie dies bei den Tausenden von Arbeitern und freiwilligen Helfern ankam, die sich in der Stalinallee von früh bis spät abmühten und dabei mit schlechter Arbeitsorganisation, Materialmangel und unrealistischem Zeitdruck zu kämpfen hatten, kann man sich unschwer vorstellen.

Anfang 1953 schlug die Stimmung an den Baustellen der Stalinallee langsam um. Dies zeigte sich unmittelbar in der Neuauflage des »Nationalen Aufbauprogramms« im Jahr 1953. Die Dynamik des Jahres 1952 war mittlerweile verloren gegangen. Einem im Jahr 1961 erstellten internen Bericht über das Nationale Aufbauprogramm zufolge betrug der Wert der im Jahr 1952 geleisteten Arbeit der Aufbauhelfer über zwölf Millionen Mark, im Jahr 1953 waren es nur noch etwas über zwei Millionen Mark.

Die Zustände an der Stalinallee waren aber nicht die einzigen Faktoren, die zur Unzufriedenheit der Bevölkerung beitrugen und den Zorn langsam anwachsen ließen. Bereits im Juli 1952 hatte die SED-Führung mit ausdrücklicher Erlaubnis von Josef Stalin den Aufbau des Sozialismus in der DDR ausgerufen und stand nun in der Pflicht, dies zügig umzusetzen. Für das Jahr 1953 hatte sich die SED für den politischen Umbau der DDR viel vorgenommen – auch gegen mögliche Widerstände in der Bevölkerung. So hatte sich Anfang 1953 bereits durch die Bodenreform, durch Enteignungen, Entnazifizierungswellen und das immer autoritärere Auftreten der SED-Prominenz viel sozialer Sprengstoff angesammelt. Hinzu kam, dass die DDR an Polen und die Sowjetunion Reparationszahlungen leisten musste und dass die sowjetischen Besatzer zahlreiche Industrieanlagen abmontierten und in die Sowjetunion verfrachteten, was in der Bevölkerung nicht unbemerkt blieb.

Im Februar 1953 beschloss die SED, die desolate Lage der Staatsfinanzen durch Steuererhöhungen und Einsparungen bei der Sozialversicherung zu sanieren. Erstmals kam es auch zu massiven Versorgungsproblemen bei bestimmten Lebensmitteln. Jegliche Opposition gegen das radikale Programm wurde mit stalinistischen Mitteln bekämpft, Kritiker wurden als Saboteure und Agenten des Westens bezeichnet und mit rabiaten Mitteln zum Schweigen gebracht.

Block G nach der Fertigstellung

Natürlich spielte auch eine Rolle, dass die DDR-Bevölkerung, und ganz besonders die Bevölkerung von Ostberlin, vor Augen hatte, wie es im Westen ganz anders lief – die Mauer wurde ja erst 1961 gebaut und die Ostberliner hatten noch Zugang zu den Westsektoren der Stadt. Viele DDR-Bürger setzten sich in dieser Zeit ganz in den Westen ab, sodass die Bevölkerung der DDR von 1949 bis 1955 um eine Million Menschen schrumpfte (von 18,8 auf 17,8 Millionen). Allein im ersten Halbjahr 1953 registrierten die Behörden im Westen die gewaltige Zahl von 426.000 Flüchtlingen aus der DDR. Die DDR-Führung wusste sich nicht anders zu helfen, als zu versuchen, mit einem strengeren Regime an der Grenze diese Welle aufzuhalten.

Am 3. März 1953 starb zudem Stalin, was zu einer weiteren Verunsicherung der SED-Führung führte, die bis dahin in Stalin einen harten, aber verlässlichen Orientierungspunkt gesehen hatte. Schließlich kam ein Beschluss der SED-Führung im Mai 1953 hinzu, der eine Normerhöhung um zehn Prozent ab 30. Juni vorsah, denn nach leninistischer Lehre war dies das wichtigste Instrument zur Steigerung des Bruttosozialprodukts. Außerdem sollten bestimmte Zuschläge und Prämien wegfallen, was sich vor allem für Bauarbeiter drastisch auswirkte.

Die Arbeiter im Baugewerbe hatten sich davor lange und erfolgreich gegen den Abschluss von sogenannten Betriebskollektivverträgen gewehrt, die eine

Effizienzsteigerung durch Erhöhung der Leistungsvorgaben zum Ziel hatten und die in anderen Industriesektoren bereits umgesetzt worden waren. In der politischen Führung der DDR wurde das Baugewerbe daher als widerspenstig und aufmüpfig wahrgenommen. Tatsächlich waren die Grundlöhne der Bauarbeiter jedoch so bemessen, dass sie von den Bonuszahlungen bei Übererfüllung der Normen geradezu abhängig waren. Da die Baubetriebe mit Lohnzahlungen kalkuliert hatten, die ein solches Niveau der Überfüllung nicht vorsah, machten sie immer wieder Verluste, und so beschloss die Staatsführung im Frühjahr 1953, massiver bei der Durchsetzung von höheren Leistungsnormen vorzugehen.

Auch für die Bauarbeiter in der Stalinallee sollte es zu Normerhöhungen kommen, die zunächst jedoch von den SED-Vertretern vor Ort gegenüber den Arbeitern kaum durchgesetzt werden konnten. Am 28. Mai 1953 unternahm die Leitung der VEB Hochbau den Versuch, auf einer Versammlung mit den Arbeitern eine zehnprozentige Normenerhöhung durchzusetzen, worauf es zu lautstarkem Streit und zu ersten spontanen Arbeitsverweigerungen kam.

Dass die Unruhe wuchs, blieb auch der sowjetischen Führung nicht verborgen, und so wurden eine Delegation, hochrangig besetzt u.a. mit Walter Ulbricht und Otto Grotewohl, am 2. Juni 1953 nach Moskau beordert, wo ihnen die neue Führung unter Nikita Chruschtschow klarzumachen versuchte, dass sie zugunsten der staatlichen Stabilität beim »Aufbau des Sozialismus« eine langsamere Gangart einlegen sollten. Verwirrt kam die Delegation zurück und während Grotewohl danach in öffentlichen Reden Fehler der SED-Führung eingestand, insistierte Ulbricht weiterhin auf einer im Grundsatz harten Linie. Eine Reihe von Gesetzen wurde schlagartig zurückgenommen, nicht jedoch die umstrittene Normenerhöhung. Die Verunsicherung setzte sich nach unten fort und die Kader der SED vor Ort begannen, die »neue Linie« unterschiedlich zu interpretieren und umzusetzen. Vor allem für die Arbeiterschaft hatte sich nicht viel zum Besseren gewendet. In Versammlungen und Gesprächsrunden entlud sich der aufgestaute Frust in Revolten, hitzigen Wortgefechten und immer häufiger in kleineren, spontanen Streiks.

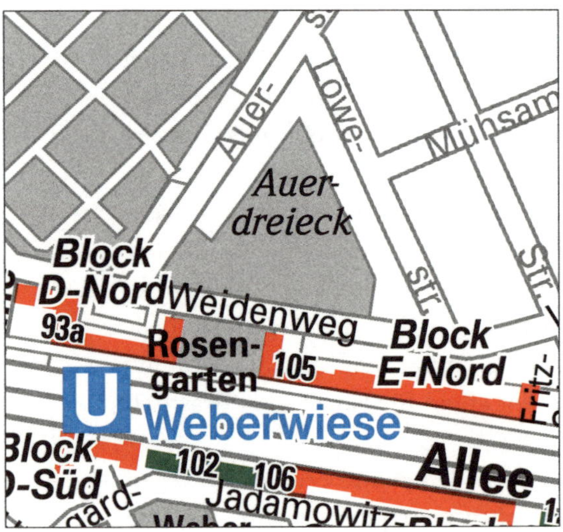

Der Rosengarten am Auerdreieck

Zu einer ersten kompletten Arbeitsniederlegung der Arbeiter kam es schließlich am Block 40 im Dreieck zwischen Auerstraße, Neuem Weidenweg und Löwenstraße. Heute stehen dort die vom Architektenkollektiv Kurt Walter Leucht geplanten, siebenstöckige Wohnblocks. Wo sich heute der Rosengarten befindet, hatte Leucht eigentlich ein Kino geplant, das aber Sparmaßnahmen zum Opfer fiel. Von hier aus nahmen die Dinge im Juni 1953 ihren Lauf.

Am Morgen des 16. Juni 1953 war ein Artikel in einer Gewerkschaftszeitung erschienen, in der bekräftigt wurde, dass eine Rücknahme der Normenerhöhung nicht in Frage komme, woraufhin sich aus den Bauarbeitern, die am Block 40 eingesetzt waren, spontan ein Protestzug von rund 80 Arbeitern bildete, der durch die Stalinallee Richtung Innenstadt zum Haus der Ministerien in der Leipziger Straße zog. Seit 2013 wird an der Ecke Leipziger/Wilhelmstraße mit einem Denkmal und einer erklärenden Tafel an dieses Ereignis erinnert.

Erstmals wurden am 16. Juni auch selbstgemalte Protestplakate getragen, was für enorme Aufmerksamkeit bei den zufällig anwesenden Zuschauern sorgte. Der Protestzug bekam immer mehr Zulauf und die Masse der Protestierenden wuchs schnell an. Das Haus der Ministerien in der Leipziger Straße war verriegelt worden, ein Dialog mit der Staatsführung fand nicht statt und die Wut der Demonstranten kochte an diesem Sommertag weiter hoch.

Einige Stunden später wurde per Lautsprecherwagen der Beschluss der SED-Führung verkündet, dass eine Rücknahme der Normenerhöhung »ge-

Der Volksaufstand vom 17. Juni 1953 nahm seinen Anfang an der Baustelle in der Stalinallee.

prüft« werde. Obwohl sich daraufhin die Protestkundgebung auflöste, war die Annahme der Parteiführung falsch, dass die Sache damit erledigt sei und die für den nächsten Tag angekündigten Streiks nicht mehr stattfänden. Das Misstrauen der Bevölkerung gegenüber ihrer Regierung war so groß geworden, dass dies keineswegs der Fall war. Die Entladung von Frust hatte sich inzwischen an vielen Orten in der DDR ausgebreitet. Über den westlichen Sender RIAS (Radio im amerikanischen Sektor; Chefredakteur war damals Egon Bahr, der ab 1969 zusammen mit Willy Brandt die Ostpolitik gestaltete) erfuhr die DDR-Bevölkerung von den Forderungen der Streikenden und wurde über die Entwicklungen auf dem Laufenden gehalten, ohne dass die DDR-Führung das verhindern konnte. Mittlerweile ging es auch nicht mehr nur um die Normenerhöhung, die DDR-Bürger verlangten auch politische Veränderungen, vor allem freie Wahlen.

Am 17. Juni 1953, es war ein regnerischer Tag, strömten Tausende von Menschen auf die Straßen, um dem Aufruf zum Generalstreik zu folgen. Der weitere Verlauf des Protestes ging in die Geschichtsbücher ein: Sowjetische Panzer und Soldaten lösten ab der Tagesmitte die Protestkundgebungen gewaltsam auf, der Ausnahmezustand und ein Versammlungsverbot wurden verhängt.

Mindestens 55 Todesopfer sind als Folge der Ereignisse dieses Tages belegt, möglicherweise waren es noch mehr. Im Anschluss kam es zu einer radikalen Säuberungswelle mit rund 15.000 Verhaftungen und zahlreichen Verurteilungen zu zum Teil langjährigen Gefängnisstrafen. Begleitet wurde dies durch die Propagandamaschinerie der SED, die behauptete, dass die Unruhen von »faschistischen Provokateuren« und westlichen Geheimdiensten initiiert und gesteuert worden waren.

Als Reaktion auf die Ereignisse leitete die SED-Führung rasch organisatorische Veränderungen in die Wege. In diesem Zusammenhang wurde z. B. die Verantwortung für die Fertigstellung der Stalinbauten zwischen Niederbarnimstraße und Strausberger Platz der Stadtverwaltung übertragen, Hermann Henselmann wurde am 24. Juli 1953 zum Chefarchitekten von Berlin ernannt.

Am Grundkonzept der Stalinallee wurde vorerst jedoch nichts geändert, was vermutlich angesichts des fortgeschrittenen Stadiums, in dem sich der Bau befand, auch gar nicht mehr möglich gewesen wäre.

Sowjetische Panzer beendeten den Volksaufstand vom Juni 1953.

Die Stalinallee als Modell für andere DDR-Bauprojekte

Insgesamt war nach all den Mühen, Budgetüberziehung und Fehlplanungen im Jahr 1954 aus der Stalinallee tatsächlich jener prachtvolle Flanierboulevard geworden, den sich die SED-Führung unter Walter Ulbricht vorgestellt hatte.

Wie vorgesehen wurde die Stalinallee daher zunächst in den Jahren 1954/55 als architektonischer und städtebaulicher Modellfall für Bauvorhaben in anderen Städten der DDR herangezogen.

Aus architekturhistorischer Sicht war die Stalinallee nicht zu Unrecht *das* Vorzeigeobjekt der DDR. Zum einen war sie als europäischer Boulevardbau im 20. Jahrhundert eine Ausnahmeerscheinung. Im 19. Jahrhundert waren mehrere Prachtstraßen gleichen Ausmaßes gebaut worden, so z. B. die Ludwigstraße in München (1830er Jahre), die Avenue Foch in Paris (1850er Jahre), der Boulevard Haussmann, ebenfalls in Paris (1860er Jahre), oder die Avenue de Tervueren in Brüssel (1890er Jahre); einige weitere waren auf dem durch den Abriss von Stadtmauern frei gewordenen Raum entstanden wie die Wiener Ringstraße in den 1860er Jahren. Neue Boulevards waren im westlichen Europa des 20. Jahrhunderts aber schon allein deswegen schwierig zu verwirklichen, weil es in den inzwischen demokratisch regierten Staaten nicht mehr ohne Weiteres möglich war (und

Die Stalinbauten als Objekt der DDR-Propaganda

Die Wilhelm-Pieck-Allee in Magdeburg

ist), in innerstädtischen Lagen die dafür erforderlichen Flächen sowohl rechtskonform als auch kostengünstig zu beschaffen. Es wären zudem von Bürgerinitiativen und von Gewerbe-Lobbyisten so viele Einsprüche und Änderungsanträge zu erwarten, dass sich ein solches Projekt über Jahrzehnte hinziehen würde. Abgesehen davon gäbe es wohl auch in demokratischen Systemen nicht mehr die Bereitschaft, solch einen Ressourcenaufwand für ein Prunk- und Prestigeprojekt aufzubringen. Die DDR hatte als diktatorisch regiertes System all diese Probleme nicht, ebenso wenig wie die anderen osteuropäischen Staaten der damaligen Zeit, in denen auch nach dem Zweiten Weltkrieg noch Prachtstraßen gebaut wurden. Dies führte den italienischen Star-Architekten Aldo Rossi (1931–1997) zu der Behauptung, die Stalinallee sei »der letzte europäische Boulevard, der gebaut wurde«.

Zum anderen – und das ist die wichtigere Besonderheit der Stalinallee – waren entlang dieses Boulevards Wohnungen und Geschäfte für Privatleute aus der arbeitenden Unter- und Mittelschicht entstanden. Die Boulevards des 19. Jahrhunderts waren in der Regel von Gebäuden gesäumt, die eine öffentliche Funktion hatten, also Regierungsgebäude, Museen, Bibliotheken etc. Wenn es dort Wohngebäude gab, dann waren es prächtige Villen von Aristokraten, Funktionsträgern oder außerordentlich vermögenden Privatpersonen. Dass die sozialistische Führung der DDR davon bewusst und gezielt abwich, ist das überragende Alleinstellungsmerkmal dieser Straße.

Doch schon im Jahr 1956 sollte die Vorbildfunktion der Stalinallee für städtische Bauvorhaben der DDR und der Stolz auf dieses einzigartige Ensemble von Bauwerken ein jähes Ende finden.

1956–1975: VOM KLASSIZISMUS ZU DEN PLATTENBAUTEN UND KONKURRENZ IM WESTEN

Radikale architektonische Kehrtwende ab 1956

Im August 1956 wurden die beiden Türme am Frankfurter Tor fertiggestellt und die beiden Kuppeln aufgesetzt – gerade noch rechtzeitig, bevor es zu einer radikalen Wende in der Baupolitik der DDR kam, zu der diese Türme gar nicht mehr passen sollten. Eingeleitet wurde diese Wende – wie sieben Jahre zuvor die Hinwendung zum sozialistischen Klassizismus – wieder einmal in Moskau. Die Abkehr vom Stalinismus unter Nikita Chruschtschow nach Stalins Tod 1953 bedeutete nämlich nicht nur eine Abkehr von dessen mörderischer Terrorpolitik, sondern auch eine zunehmende Distanzierung von Stalins Vorstellungen vom Städtebau und vom sozialistischen Klassizismus als idealem Baustil.

Bereits im Dezember 1954 hatte in Moskau eine Baukonferenz stattgefunden, die unter dem Motto »besser, schneller, billiger bauen« stand. Die Rede, die Chruschtschow auf dieser Konferenz gehalten hatte, wurde auf Deutsch übersetzt und in der DDR veröffentlicht. Die Grundaussage dieser neuen Linie war, dass der Schwerpunkt in Zukunft auf der vollen Nutzung der technischen Möglichkeiten des industriellen Bauens liegen solle und nicht mehr auf der künstlerischen Gestaltung. Damit sollte kosteneffizienter gebaut werden und im Ergebnis sollten mehr Wohnungen mit weniger finanziellem Aufwand entstehen. Statt mit traditioneller Handwerksarbeit wurden Gebäude aus vorgefertigten Teilen geplant, die in effizient organisierten und hochtechnisierten Fabriken hergestellt und an der Baustelle nur noch durch Montagearbeit zusammengefügt werden mussten. Der Baukran sollte zum dominierenden Element jeder Baustelle werden.

Bereits 1910 waren in New York die ersten in dieser Weise gebauten Gebäude entstanden, schon 1926 wurde auch in Berlin-Lichtenberg in »Plattenbauweise« gebaut. Im Jahr 1955 hielt dieser Baustil plötzlich im sowjetischen Imperium als Standard Einzug und beherrschte kurze Zeit später auch den Wohnungsbau in der DDR.

Die Regierung in Moskau hatte Anfang 1955 entsprechende Empfehlungen an die sozialistischen Bruderländer verschickt, woraufhin im April 1955 in Ostberlin eine Baukonferenz stattfand, die diese Direktiven aus Moskau aufgriff und bei der über deren Umsetzung diskutiert wurde – ebenfalls unter dem Motto »besser, schneller, billiger bauen«.

Walter Ulbricht wehrte sich zwar zunächst gegen diese neue Linie, war aber letztlich nicht frei, sich gegen die neuen Vorgaben aus Moskau zu stellen und den bisherigen Baustil beizubehalten. Auch finanziell wäre eine Fortführung des Baustils der Stalinbauten gar nicht möglich gewesen, das hätten die Finanzen der DDR langfristig nicht ermöglicht. Die bereits angefangenen Bauvorhaben im Stil des sozialistischen Klassizismus wurden zu Ende geführt, da ein Baustopp teurer gewesen wäre als die Fertigstellung. Neuplanungen aber mussten von nun an in die neue Linie der funktionalen und nüchternen Billigbauweise passen, die für die Plattenbauten typisch ist.

Dieser radikale Schwenk stellte die DDR-Führung nicht nur vor Probleme in den eigenen Führungsriegen, sondern auch bei der Kommunikation gegenüber der DDR-Bevölkerung. Diese Kehrtwende war insbesondere angesichts der immer intensiver werdenden Rivalität mit dem »westlichen Klassenfeind«, den die Ostberliner Politiker in direkter Nachbarschaft sitzen hatten, eine äußerst peinliche Situation. Denn der neue Baustil war dem zuvor verachteten Bauhaus-Stil und der in Westberlin vorherrschenden Architektur der Nachkriegsmoderne sehr ähnlich, was unweigerlich zu beißendem Spott der westlichen Beobachter führte.

Konkurrenz-Architektur im Westen: die Interbau mit dem Hansaviertel, dem Corbusierhaus und der Kongresshalle

In Westberlin waren die Stalinbauten zwischen Strausberger Platz und Niederbarnimstraße zunächst mit Interesse und auch einem gehörigen Maß an Bewunderung zur Kenntnis genommen worden. Nicht nur die Geschwindigkeit, in der diese Gebäude entstanden waren, sondern auch ihre Ästhetik und ihr hoher Grad an Komfort lösten in der Fachwelt und bei der interessierten Öffentlichkeit im Westen Erstaunen aus. Dies war ein wichtiger Ansporn für die Stadtregierung von Westberlin und die westlichen Architekten, eigene, innovative Leistungen zu entwickeln.

Was auf den ersten Blick als schieres Konkurrenzgehabe erscheint, wird eher verständlich, wenn es in den Kontext der Zeit und in die damalige weltpolitische Lage eingeordnet wird. Auch wenn es für uns heute schwer vorstell-

Fassade des Corbusierhauses im damaligen Westberlin

bar ist: Ende der 1940er/Anfang der 1950er Jahre war es für die Menschen in Europa noch nicht klar, ob sich ein demokratisches und kapitalistisches Gesellschaftssystem durchsetzen oder ob sich das sozialistische und autoritär geführte Gesellschaftsmodell als überlegen erweisen würde. Dass es eine konfrontative Konkurrenz zwischen diesen beiden Systemen geben würde, wurde aber vor allem den Menschen in Berlin, die unmittelbar von den sich entwickelnden Ost-West-Spannungen betroffen waren, schnell klar, spätestens in den Jahren der Luftbrücke 1948/49.

In Ost und West gab es im Zusammenhang mit diesem übergreifenden politischen Konflikt immer größere Bemühungen, die eigene kulturelle Überlegenheit zu demonstrieren und die Bemühungen der jeweils anderen Seite zu diskreditieren. In der sowjetischen Besatzungszone wurde schon sehr früh von Kulturschaffenden erwartet, die Überlegenheit des sozialistischen Gesellschaftssystems zu zeigen. Die Regierung der DDR unternahm diesen Versuch nicht zuletzt mit der Stalinallee und schaffte es damit, im Westen kleine Zweifel zu säen, ob das sozialistische System wirklich so unterlegen war, wie man in westlichen Medien fast täglich lesen und hören konnte.

Anfang und Mitte der 1950er Jahre kamen zwar – vor allem bei den Intellektuellen – immer mehr Zweifel am real existierenden Sozialismus in der

Das Oscar-Niemeyer-Haus im Hansaviertel

Ein Scheibenhochhaus an prominenter Stelle im Hansaviertel

DDR auf. So war z.B. der überzeugte Sozialist Bertolt Brecht, der 1948 freiwillig nach Ostberlin gezogen war, wo er 1956 starb, nur einer von vielen, die zunächst an die Utopie des Sozialismus mit Begeisterung geglaubt hatten und die erst im Lauf der frühen 1950er Jahre immer mehr Frust mit dem Leben in der DDR und mit der Borniertheit der politischen Elite dort erlebten. Außerdem sprachen die Zahlen der Menschen, die aus der DDR in den Westen flohen, eine klare Sprache – die »Abstimmung mit den Füßen« zeigte ein sehr klares Meinungsbild.

Trotzdem übte der Sozialismus und die Sowjetunion immer noch eine große Anziehungskraft auf viele Menschen im Westen aus. Lange Zeit herrschte Unsicherheit darüber, ob die Sowjetunion nicht vielleicht doch dem Westen wenigstens technologisch und militärisch überlegen sein könnte. Immerhin hatte die Sowjetunion bereits 1949 erfolgreich eine Atombombe gezündet und im Oktober 1957 kam der »Sputnikschock« hinzu: Erstmals war es gelungen, einen Satelliten (mit dem Namen Sputnik) im All zu platzieren und es schien so, als ob die Sowjetunion wenigstens bei dieser prestigeträchtigen Technologie am Rivalen USA verbeigezogen wäre.

Man muss diesen Hintergrund berücksichtigen, wenn man verstehen will, warum sich die Politiker von Westberlin zu einer Antwort auf die Bauleistungen an der Stalinallee gedrängt sahen. Diese Antwort fand vor allem in drei Bauprojekten ihren Aus-

Abstrakte Kunst der 1950er Jahre an der Stadtteilbibliothek im Hansaviertel

Kubistische Architektur: die Akademie der Künste im Hansaviertel

druck, die in den Jahren 1956 bis 1958 entstanden. Alle drei stehen heute unter Denkmalschutz und können daher mehr oder weniger in ihrer ursprünglichen Form besichtigt werden; alle drei verstehen sich als Teil der Bauausstellung »Interbau«, die 1957 in Westberlin stattfand.

Zum einen ist dies das Corbusierhaus, das in der Nähe des Olympiastadions steht und 1956 bis 1958 nach Plänen des französischen Architekten Charles-Édouard Jeanneret-Gris gebaut wurde, der unter dem Künstlernamen Le Corbusier schon damals weltberühmt war.

Das Zentrum der »Interbau« war jedoch zweifellos das Hansaviertel, ein Areal von rund 25 Hektar, auf dem 53 Architekten aus 13 Ländern ihre Kreationen realisierten. Darunter waren Größen der damaligen westlichen Architektenwelt wie Oscar Niemeyer oder Walter Gropius, allesamt waren Anhänger der modernistischen Vorstellung des »Neuen Bauens«.

Alle diese Gebäude zelebrierten einen Stil, der damals im Westen als modern und in seiner Schlichtheit als schön betrachtet wurde. Die Anordnung der Gebäude und die Begrünung der Zwischenräume wurde mit großem Bedacht gestaltet, Ornamente wurden sparsam eingesetzt, das Design war minimalistisch, aber höchst innovativ.

1957 kam als drittes, eher exotisches Element die Kongresshalle hinzu, ein Geschenk der US-Regierung für die »Interbau 1957« und damals wie heute ein faszinierendes Bauwerk, das später von den Berlinern den Spitznamen »Schwangere Auster« erhielt.

Modernistischer Baustil prägt das Hansaviertel

Nicht zuletzt wegen dieser Zusammenhänge – zeitlich, politisch und als Gegenstück zu den Stalinbauten im Osten – wurde Ende 2021 von Berliner Behörden und Organisationen der Zivilgesellschaft ein Antrag auf Anerkennung als Weltkulturerbe formuliert, der sowohl die Bauwerke im Hansaviertel als auch die Bauten an der ehemaligen Stalinallee umfasst. Im Dezember 2023 entschied sich die Kultusministerkonferenz zwar dagegen, diesen Antrag bei der UNESCO einzureichen, aber schon der Kandidatenstatus zeigt die architekturgeschichtliche Bedeutung dieser Bauwerke.

Oft wird gesagt, dass die Interbau eine sehr verspätete Antwort des Westens auf die Stalinallee gewesen sei, da sie erst einige Jahre danach entstand. Das ist zwar einerseits richtig, anderseits kam die Idee einer internationalen Bauausstellung in Westberlin schon 1951 im Westberliner Senat auf und es wurde dort bereits am 3. August 1953 der Beschluss gefasst, 1955 eine solche internationale Bauausstellung mit dem Hansaviertel als Zentrum auszurichten. Einer der wesentlichen Gründe für die zeitliche Verzögerung bis 1957 war nicht zuletzt die Frage der Finanzierung.

Zudem war der erste Versuch, der Reputation der Stalinallee etwas entgegenzusetzen, eigentlich die Ernst-Reuter-Siedlung, die sich in der Gegend um die heutige Feld-, Garten-, Ackerstraße und den Theodor-Heuss-Weg befindet. Baubeginn war dort im Oktober 1953, Fertigstellung im Juli 1954. Diese Siedlung wurde vom damaligen Bundespräsidenten Theodor Heuss mit großem Pomp eröffnet, denn sie lag damals direkt neben der Zonengrenze und sollte Strahlkraft über die Grenze hinaus entwickeln. Doch mit nur 423 Wohnungen war sie verhältnismäßig klein und daher nicht wirklich geeignet, um ein überzeugendes Gegenstück zur Stalinallee darzustellen.

Bis Anfang der 1950er Jahre hinkte Westberlin tatsächlich der wirtschaftlichen Entwicklung im Osten hinterher. Die Blockade und die Zeit der Luftbrücke hatten Spuren hinterlassen und vor allem bei der Anlieferung von Baumaterial bestand großer Nachholbedarf. Die Arbeitslosigkeit war sehr hoch, da sich aufgrund der politischen Unsicherheit zunächst keine Firmen in Westberlin ansiedeln wollten, und erst als 1950 Geld aus dem Marshallplan zu fließen begann und klarer wurde, dass die Westmächte Berlin nicht aufgeben würden, verbesserte sich die Situation.

So kam also erst 1953 der Beschluss zustande, der Stalinallee etwas vergleichbar Imposantes entgegenzusetzen. Dabei sollte jedoch die Planung anders laufen als im Osten und auch die

Die »Schwangere Auster« ist das heutige Haus der Kulturen der Welt.

unterschiedlichen politischen Vorstellungen sollten sich in den Bauwerken widerspiegeln: Statt holistisch-kollektivistisch vorzugehen, sollten Bauwerke entstehen, die individuell, kreativ und divers waren. Mehrere Architekten sollten mit unabhängiger Kreativität ans Werk gehen. Und natürlich war es den Architekten nicht nur erlaubt, modernistische Gebäude zu gestalten, dies war ausdrücklich erwünscht. Statt planwirtschaftlicher Steuerung sollte freiheitlich-privatwirtschaftliche Initiative zu großartigen Resultaten führen. Statt sozialistischer Verschwendungs- und Prunksucht sollte hier die ökonomische Vernunft regieren.

Doch auch im Westen lief nicht alles reibungslos ab. Für das benötigte zusammenhängende Gelände mussten Grundstücke von einem Träger angekauft werden, 22 von 159 Grundstücken wurden zudem enteignet. Hinzu kam, dass die Trägergesellschaft Hansa AG nicht so privatwirtschaftlich organisiert war, wie es auf den ersten Blick erschien, denn ihre Anteilseigner waren allesamt gemeinnützige Gesellschaften mit halbstaatlichem Charakter, die zum Zweck der Wohnungsbauförderung gegründet worden waren. Es gab nur zwei tatsächlich private Anteilseigner, die im Austausch für ihre Grundstücke auf dem Areal Hansaviertel Gesellschaftsanteile überschrieben bekommen hatten. Selbst beim Thema wirtschaftliche Vernunft wurden Abstriche gemacht, um das geplante Prestigeprojekt zügig voranzutreiben. So stellte z. B. ein Finanzcontroller der Regierung nach Abschluss der Bauarbeiten fest, dass die Baukosten im Hansaviertel pro Quadratmeter um 73 Prozent höher lagen als im regulären sozialen Wohnungsbau. Nachdem aber die gleichen Mieten wie im normalen sozialen Wohnungsbau verlangt wurden, entstanden Verluste, die durch Subventionen des Bundes und durch Darlehen der Stadt Berlin mit besonders günstigen Konditionen ausgeglichen werden mussten. Auch hier gab es Bauverzögerungen: Die Interbau fand vom 6. Juli bis zum 29. September 1957 statt. Ende September waren aber erst rund 600 der geplanten rund 1250 Wohnungen fertig und es musste bis weit in das Jahr 1958 hinein weitergebaut werden. Bauschäden traten ebenfalls auf, wenn auch mit einiger zeitlicher Verzögerung: Im Mai 1980 stürzte z. B. das Dach der Kongresshalle an der John-Foster-Dulles-Allee aufgrund von Materialermüdung ein.

Trotz allem war die Interbau ein großer Publicity-Erfolg, denn es kamen über eine Million Besucher zu den Bauwerken im Hansaviertel – davon rund ein Drittel, also über 300.000, aus dem Ostteil Berlins. Mit der Interbau hatte Westberlin wieder die Oberhand im Kampf der Systeme und angesichts der Tatsache, dass man zu dieser Zeit im Osten bereits auf Plattenbauten hatte umschwenken müssen, ging der »Punktsieg« in der kulturpolitischen Ost-West-Rivalität im Jahr 1957 eindeutig an Westberlin.

KMA II: vom Strausberger Platz bis zum Alexanderplatz

Mitte der 1950er Jahre dauerte es in der DDR eine Weile, bis man sich von den bisherigen baupolitischen Vorstellungen Stalins lösen konnte. Man haderte mit der neuen Entwicklung, seit Chruschtschow an der Macht war, und man suchte nach Erklärungsmustern, nach neuen Prinzipien, auf denen man aufbauen konnte. Vor allem Walter Ulbricht litt unter der neuen Linie, die sich aus Moskaus neuen Empfehlungen ergab.

Bereits im Mai 1956 war es wieder einmal Hermann Henselmann, der als Erster die Zeichen der Zeit zu deuten und in konkrete Pläne umzusetzen wusste, auch wenn seine ersten Entwürfe für einen »Wohnkomplex Friedrichshain« südlich anschließend an die Stalinallee zunächst abgelehnt wurden. Dass es sich bei diesen Entwürfen um einen Rückgriff auf die rund sieben Jahre zuvor entstandenen Planentwürfe für eine »Wohnzelle Friedrichshain« handelte, ist klar zu erkennen, und auch die Begriffe »Wohnzelle« und »Wohnkomplex« ähnelten sich.

1958 erstellte Henselmann dann einen Entwurf für die Bebauung des westlichsten Teils der Stalinallee vom

Entwurf von Hermann Henselmann für den Wohnkomplex Friedrichshain, Mai 1956

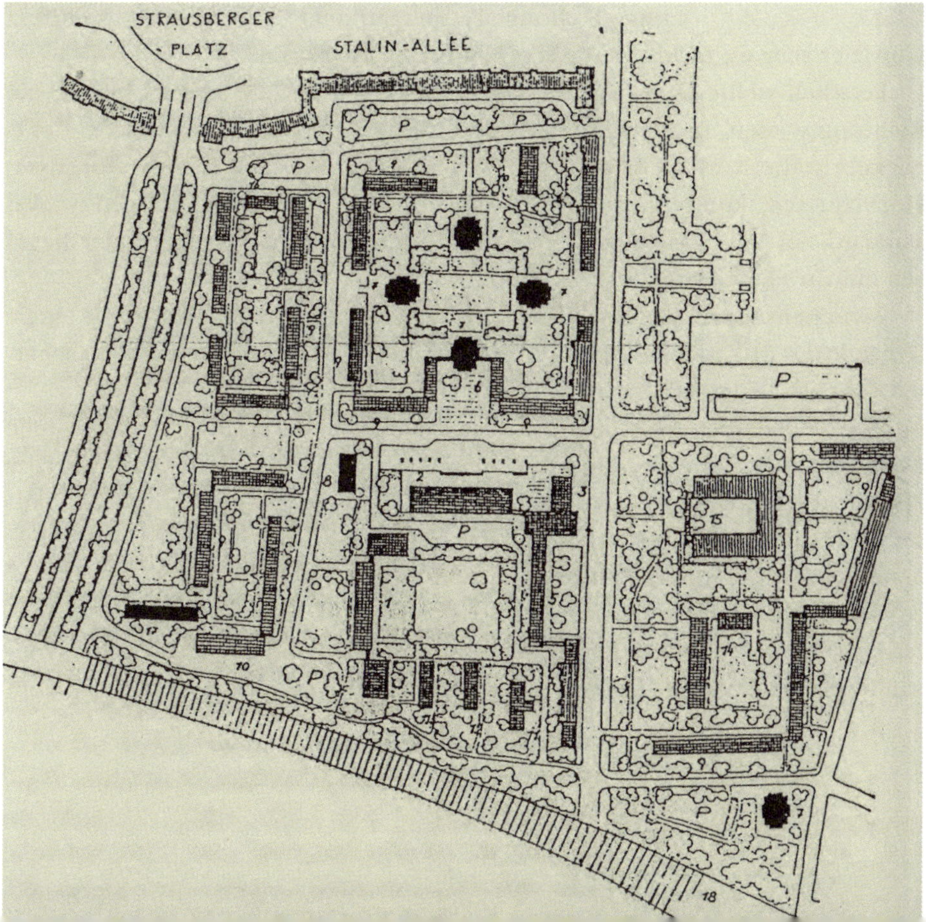

Henselmanns Entwurf von 1958 (links) wurde abgelehnt, ebenso wie sein Entwurf für die Gestaltung des Stadtzentrums im Rahmen eines Wettbewerbs im Jahr 1959 (rechts).

Strausberger Platz bis zum Alexanderplatz und veröffentlichte diesen ohne Absprache mit der SED-Führung. Dieses Vorgehen wurde empört als Ungehorsam, als Affront und als Angriff auf die Prinzipien des »demokratischen Zentralismus« erachtet. Henselmann verlor daraufhin seine Stellung als Chefarchitekt Ostberlins, als Architekt wurde er aber weiterhin in Ausschreibungen einbezogen.

Letztlich stellte man fest, dass Henselmanns Entwürfe bereits klar in die Richtung wiesen, in die sich die Baupolitik der DDR ab spätestens 1958 entwickeln sollte: eine gleichmäßige Aneinanderreihung von scheibenförmigen Hochhäusern, kombiniert mit Punkthochhäusern. Die Wohnungen waren standardisiert, die Fassade war nahezu schmucklos und bestand in der Regel aus industriell gefertigten Betonplatten.

Zwischen Alexanderplatz und Strausberger Platz standen 1958 noch einige Gebäude des Altbestandes, deren Abriss beschlossen wurde, um Raum zu schaffen für eine Neugestaltung nach einem Gesamtkonzept.

Wie radikal unterschiedlich der neue Baustil war, lässt sich an der Nahtstelle der beiden Stilrichtungen direkt im westlichen Anschluss an den Strausberger Platz deutlich erkennen. Dort wurden 1960 direkt neben die beiden Hochhäuser (das Haus Berlin im Norden und das Haus des Kindes im Süden) einige der ersten Plattenbauten der Stalinallee errichtet.

1969 wurde der Fernsehturm am Alexanderplatz nach vierjähriger Bauzeit fertiggestellt; zu dieser Zeit war auch die Bebauung des Areals zwischen Alexanderplatz und Strausberger Platz weitgehend abgeschlossen. Ein Blick vom

Oben: Blick vom Alexanderplatz Richtung Strausberger Platz 1958; unten: Haus Berlin (rechts).

Blick vom Fernsehturm am Alexanderplatz auf die Gebäude des zweiten Bauabschnitts (KMA II), die in den 1960er Jahren entstanden sind

Fernsehturm erlaubt einen Überblick über die Bauten dieses zweiten Bauabschnitts, der auch oft als KMA 2 (= Karl-Marx-Allee zweiter Bauabschnitt) bezeichnet wird.

Der Versuch, palastartige, klassizistische Gebäude zum Modell für den Wohnungsbau in der DDR zu machen, hatte damit ein klägliches Ende gefunden. Die begrenzten ökonomischen Möglichkeiten führten zu dem Sachzwang, standardisierter, schmuckloser und damit preiswerter zu bauen und führten in der Folge zu einem neuen Stil, der bis zum Ende der DDR 1990 das bestimmende Element der Baupolitik im Arbeiter- und Bauernstaat war. Selbst die Lücken zwischen den Stalinbauten östlich vom Strausberger Platz konnten nicht mehr im alten Stil gefüllt werden, selbst dort entstanden nun Gebäude im neuen Stil. So zum Beispiel das Kino Kosmos mit der heutigen Adresse Karl-Marx-Allee 131a und die Gebäude, die nach dem Abriss der deutschen Sporthalle in der entstandenen Baulücke errichtet wurden.

Das Kino Kosmos wurde 1962 eröffnet.

Dort, wo bis 1972 die Deutsche Sporthalle gestanden hatte, wurden Plattenbauten errichtet.

1975 BIS HEUTE: DAS ENDE DER DDR UND DIE WIEDERVEREINIGUNG

Die DDR geht langsam zugrunde

Die Geschichte der Bauwerke zwischen Niederbarnimstraße und Alexanderplatz spiegelt die tragische Entwicklung der DDR als Staat wider. Am Anfang stand die Hoffnung auf eine bessere Welt, der glühende Wunsch, für die unterprivilegierten Schichten paradiesische Wohn- und Lebensverhältnisse zu schaffen, nachdem sie jahrhundertelang Leid und Ausbeutung erlebt hatten. So entstand die Idee, »Arbeiterpaläste« mit Luxuswohnungen für jedermann zu schaffen.

Allerdings war diese auf den ersten Blick sehr sympathische Utopie von Anfang an mit den Merkmalen verbunden, die das Bild der sozialistischen Diktatur der DDR im Westen prägten und an denen die DDR und alle anderen sozialistischen Diktaturen Osteuropas letztlich zugrunde gingen: die strikte Hierarchie der Entscheidungsfindung, bei der die oberste Führung die Details aller Lebensbereiche diktatorisch bestimmen wollte und konnte – auch in der Ästhetik; das starrsinnige Beharren auf unrealistischen Zielen einer manchmal realitätsfernen Planwirtschaft; die Fehlplanungen und das Missmanagement, die zu ständigen Logistikproblemen und Engpässen führten, für die keiner Verantwortung übernehmen musste; die Ausbeutung individueller Leistungen der Arbeitenden, für die man doch eigentlich gemäß der offiziellen Sprachregelung paradiesische Zustände schaffen wollte; das rücksichtslose Durchsetzen von gesellschaftlichen Leitbildern; die Propaganda-Lügen, wenn etwas nicht so lief wie geplant, um Fehler in den oberen Ebenen oder gar Anzeichen von Systemversagen zu verschleiern; das autoritäre und immer arrogantere Auftreten von (nicht gewählten) politischen Führungskräften; nicht zuletzt auch die systematische Vernichtung von Opposition und das Verbreiten von Angst mit Hilfe der Staatssicherheit und – wenn es sein musste – auch mit Hilfe der rund 500.000 russischen Soldaten, die bis Anfang der 1990er Jahre in der DDR stationiert waren. All diese Elemente prägten auch die Planung und die Bauarbeiten an den Stalinbauten.

1971 wurde Walter Ulbricht, der politische Vater der Stalinbauten, von Erich Honecker gestürzt. Honecker hatte sich zuvor die Unterstützung aus Moskau für diesen Schritt geholt und aufgrund der desolaten Lage der Wirtschaft der DDR auch bekommen. Am 26. April 1971 suchte Honecker in Begleitung von schwer bewaffneten Soldaten seinen bisherigen Chef in dessen Privathaus auf. Er zwang Ulbricht zum sofortigen Rücktritt, dieser hatte keine andere Wahl als zuzustimmen. Nur rund zwei Jahre später, am 1. August 1973 starb Ulbricht. Den Abriss der Deutschen Sporthalle 1972 hat er noch miterlebt.

Schon Mitte der 1970er Jahre wurde das Hochhaus an der Weberwiese von der DDR-Regierung unter Denkmalschutz gestellt, 1986 der Gesamtkomplex der Stalinbauten vom Strausberger Platz bis zur Niederbarnimstraße (vgl. den Artikel von Jörg Haspel in Engel u. a., 1996, S. 187 ff). Trotzdem wurden die Stalinbauten ebenso vernachlässigt wie alle anderen Gebäude in der DDR in den 1970er und 1980er Jahren, denn die Wirtschaft lief schlecht.

1989 und damit 18 Jahre nach der Machtübernahme durch Erich Honecker war das DDR-Regime endgültig am Ende. Die Stasi war die dominierende Kraft im Staat geworden und die permanente Bespitzelung und Drangsalierung der 17 Millionen DDR-Bürger hatte die Atmosphäre in der Gesellschaft völlig vergiftet. Außerdem war durch Missmanagement und durch die hohen Ausgaben für das Militär, für die Geheimdienste und für die Polizei die Wirtschaft ruiniert. Die DDR war ökonomisch und politisch bankrott.

Beim Zusammenbruch dieses Systems spielte die ehemalige Stalinallee noch einmal eine wichtige Nebenrolle: Erich Honecker hatte die Allee immer wieder für Festzüge, Paraden und staatlich organisierte Demonstrationszüge genutzt. Jährlich im Januar wurde mit einem Marsch zum Friedhof Friedrichsfelde den sozialistischen Helden gedacht, die auf dem sogenannten Sozialistenfriedhof Friedrichsfelde begraben waren, darunter Karl Liebknecht und Rosa Luxemburg. Als sich am 17. Januar 1988 einige Dutzend Bürgerrechtler diesem Festzug mit Politprominenz anschließen wollten, wurden sie bereits am Frankfurter Tor von der Polizei festgenommen, inhaftiert und zum Teil aus der DDR ausgebürgert. Dieser Vorfall war eines der Ereignisse, die das Fass zum Überlaufen brachten und nur etwa eineinhalb Jahre später, Ende 1989, zerbrach die DDR. Ohne die Hilfe des sowjetischen Militärs, die der reformorientierte russische Staatschef Michail Gorbatschow verweigert hatte, mussten die Unterdrücker um Honecker aufgeben. Mit der Wiedervereinigung Deutschlands am 3. Oktober 1990 hörte die DDR als Staat zu existieren auf.

Nach der Wiedervereinigung: Große Sanierungsaufgaben und neue Eigentümer

Für die Stalinbauten bedeutete die Wiedervereinigung mit Westdeutschland eine radikale Veränderung der Besitzverhältnisse. Zunächst hatte die kommunale Wohnungsbau-Gesellschaft Friedrichshain die Rolle des Eigentümers übernommen. Sie verkaufte dann 1993 den gesamten Bestand zwischen Strausberger Platz und Niederbarnimstraße, also die eigentlichen Stalinbauten, an die DePfa Immobilienmanagement AG, eine Tochter der Deutsche Pfandbrief- und Hypothekenbank AG mit Sitz in Wiesbaden. Die ostdeutschen Wohnungsbaugesellschaften hatten nach der Wiedervereinigung per Gesetz die Auflage bekommen, die Wohnungen zu privatisieren (Mindestanforderung war mindestens 15 Prozent der Wohnungen in zehn Jahren), die Friedrichshainer Gesellschaft konnte mit dem Verkauf an die DePfa eine »Privatisierungsquote« von 80 Prozent der 3500 Wohnungen melden, nur die Wohnungen um das Hochhaus an der Weberwiese sowie dieses Hochhaus selbst behielt sie zunächst.

Ziel war die Umwandlung und der Verkauf der Wohnungen als Eigentumswohnungen und der Gewerbeflächen als einzelne Gewerbeimmobilien. Dazu mussten diese Immobilien aber zunächst »marktfähig« gemacht werden, was sie zum Zeitpunkt der Wiedervereinigung aufgrund ihres Zustandes nicht waren.

Der Denkmalschutz-Status war für die Stalinbauten auch nach der Wiedervereinigung beibehalten worden und führte zum Schutz des gesamten Ensembles vor einer grundsätzlichen Veränderung. Dabei wurde aber schnell klar, dass Kompromisse zugunsten einer zukunftsorientierten Nutzbarkeit der Gebäude vor allem für die Gewerbeflächen eingegangen werden mussten. Dies betraf insbesondere die Erweiterung des Parkplatzangebots (in der Regel hinter den Gebäuden) und die Möglichkeiten von Gewerbebetrieben, die Innenräume, die Schaufenster und die Werbeflächen ihren Bedürfnissen anzupassen.

Hinsichtlich der Wohnungen und Gebäude ergaben Anfang der 1990er Jahre Gutachten, dass erhebliche Kosten für die anstehenden Sanierungsarbeiten zu erwarten waren, denn es hatte sich ein enormer Sanierungsbedarf angestaut. Dies hatte zum einen mit den generell schlechten wirtschaftlichen Verhältnissen und der ineffizienten Staatsführung der DDR zu tun, aber es spiegelte vermutlich auch die Tatsache wider, dass diese Bauten in der DDR in Ungnade gefallen waren. Sie waren spätestens ab 1960 ein in Stein manifestierter Widerspruch zu der seitdem propagierten Baupolitik des industriellen und billigen Bauens. Eine Studie kam Anfang der 1990er Jahre auf zu erwartende Kosten für die Sanierung von rund 600 Millionen DM (600 Millionen Mark von 1990 entsprechen fast 600 Millionen Euro nach heutigem Geldwert).

Die Fassade vor und nach der Sanierung

Nicht nur die Wohnungen selbst mussten renoviert werden, auch Treppenhäuser, undichte Dächer, nicht mehr funktionierende Aufzüge, verrostete Rohrleitungen und schlecht funktionierende Heizungsanlagen stellten riesige Herausforderungen dar. Fensterrahmen waren kaputt und die Wärmedämmung war mangelhaft. Schließlich stellte sich auch die Frage nach der Erneuerung der Innenausstattung, die in vielen Wohnungen immer noch dem Niveau der 1950er Jahre entsprach.

Ein besonders umfangreiches Problem stellten die heruntergekommenen Fassaden dar. Bereits bis 1989 waren auf rund 50.000 Quadratmetern – und damit auf etwa der Hälfte der gesamten Fassadenfläche der Stalinbauten – die Keramikplatten heruntergefallen, die diesen Gebäuden ursprünglich ihr charakteristisches Aussehen gegeben hatten. Die DDR-Behörden hatten stellenweise versucht, die Keramikplatten durch preiswertere und leichtere Plastikplatten zu ersetzen, was aber das Aussehen stark beeinflusste. Zum großen Teil wurden die Schäden an den Fassaden jedoch einfach so belassen wie sie waren.

Anfang der 1990er Jahre wurde eine umfassende Fassadensanierung im Zuge des gesamten Sanierungsprojekt ins Auge gefasst. Dabei wurden verschiedene Varianten der Sanierung in Erwägung gezogen und auch ausprobiert.

Ein Badezimmer, in den 1990er Jahren fotografiert, noch im Zustand der 1950er Jahre

Die aus Sicht des Denkmalschutzes präferierte Variante war, die fehlenden Keramikplatten nachbrennen zu lassen und wie in den 1950er Jahren in einem Mörtelbett an den Hauswänden zu befestigen. Dies war mit 550 DM pro Quadratmeter (dies entspricht einem ungefähr vergleichbaren Euro-Betrag im Jahr 2020) zwar die billigste Lösung. Aber es gab Bedenken, was die Haltbarkeit betraf; Experten sahen das Risiko, dass nach einiger Zeit erneut Fassadenelemente herunterfallen könnten, weil an den Fassaden nur alle 40 Meter Dehnungsfugen gebaut worden waren. Neueren technischen Erkenntnissen nach wäre alle acht Meter eine Dehnungsfuge notwendig gewesen. Außerdem wollte man schon Anfang der 1990er Jahre bessere Wärmedämmung erreichen, weshalb man damit experimentierte, die Keramikplatten auf Metallrahmen aufzubringen und diese mit Metallhaken im Mauerwerk zu verankern. Neben der höheren Konstruktionssicherheit hatte diese Methode den Vorteil, dass damit eine Hinterlüftung der Platten möglich wurde und die Bewegungen und Spannungen des Mauerwerks weniger Probleme für die Fassadenteile darstellten. Allerdings war diese Methode dreimal so teuer wie die ursprüngliche Methode des Anklebens mit Mörtel und die Oberfläche war damit optisch viel glatter und gleichmäßiger als die, die in den 1950er Jahren gebaut worden war.

Noch heute stellen die Fassaden technische Herausforderungen dar und erfordern immer wieder teure Nachbesserungen. An manchen Stellen sind

Netze aufgespannt, um herunterfallende Keramikfliesen aufzufangen, so z.B. in der Nähe des Strausberger Platzes, aber auch an anderen Stellen sieht man das immer wieder.

Der erste bis Mitte der 1990er Jahre komplett renovierte Abschnitt war Block C-Nord und -Süd, das von Richard Paulick gestaltete und mit Fassadenreliefs reich geschmückte Gebäude. Die dafür veranschlagten Kosten lagen zwar – umgerechnet auf den heutigen Geldwert – bei rund 70 Millionen Euro. Aber die Ergebnisse waren nach Aussagen von Zeitzeugen doch sehr überzeugend, die Renovierungsarbeiten ließen die Gebäude innen wie außen in ihrem alten Glanz erstehen. Nicht zuletzt dies war wohl eine Motivation, die hohen Kosten der Sanierung der Stalinbauten auch an anderen Stellen zu tragen und mit kreativen Fondslösungen, Abschreibungsmöglichkeiten und staatlichen Zuschüssen gelang diese gewaltige Aufgabe bis Ende der 1990er Jahre weitgehend.

Erfolge und Versagen im Denkmalschutz

Staatliche Stellen trugen nicht nur durch Zuschüsse und Steuervergünstigungen zum Erfolg der Sanierung bei, sondern traten auch direkt als Auftraggeber von Sanierungsleistungen auf. Ein besonders erwähnenswertes

Netze schützen die Fußgänger vor möglicherweise herabfallenden Fassadenfliesen.

Beispiel dafür ist die Sanierung der sogenannten Paulick-Kandelaber. Zwischen Strausberger Platz und Niederbarnimstraße stehen insgesamt 215 Kandelaber (d. h. mehrarmige Straßenleuchten), davon 205 zweiarmige und zehn vierarmige. Das Design stammt von Richard Paulick, der dabei offensichtlich die 1936 von Albert Speer entworfenen Kandelaber vor Augen hatte. Die Betonmasten und die Leuchten selbst waren stark beschädigt durch den Zahn der Zeit und wurden daher 2008 komplett renoviert bzw. nachgebaut, wofür der Berliner Senat vier Millionen Euro zur Verfügung stellte.

Natürlich bleiben bei einem Projekt dieser Größenordnung Fehler und Unzulänglichkeiten nicht aus. So würde man sich z. B. bei der Gestaltung, der Pflege und dem Schutz der Grünflächen manchmal mehr Mühe der zuständigen Stellen in der Bezirksverwaltung wünschen. Das Gleiche gilt beim Kampf gegen das allgegenwärtige Graffiti, denn hier wäre ein entschlosseneres Auftreten der Behörden möglicherweise hilfreich, um das Beschmieren der empfindlichen Fassaden dieser Baudenkmäler in größerem Maße zu verhindern.

Es gab auch eine Reihe von Bausünden, die von früheren Verantwortlichen in den Aufsichtsbehörden nicht verhindert, sondern (vermutlich aus »Investoren-Freundlichkeit« heraus) genehmigt wurden. Ein eklatantes Beispiel dieser Genehmigungs-Fehler sind z. B. die Penthouse-Aufbauten aus grauem Stein auf den Gebäuden von Block G-Nord.

Diese Penthäuser aus grauem Beton wurden als Aufsatz auf die historischen Gebäude genehmigt.

Die »Paulick-Kandelaber« (Bild links): Klassiker, die immer wieder als Vorbild dienen

Auch das Gebäude an der Ecke Karl-Marx-Allee/Straße der Pariser Kommune (Karl-Marx-Allee 90A) wurde von den Behörden genehmigt, ohne dass es auch nur im Geringsten mit seiner Glas- und Stahl-Fassade zum historischen Baubestand links und rechts davon und auf der anderen Straßenseite passt.

Noch ein Beispiel: Vor dem Kino Kosmos stehen zwei große, hässliche Gestelle für Großplakate, die schon seit vielen Jahren ungenutzt sind und ein trauriges Symbol für die gescheiterten Pläne darstellen, hier ein Multiplex Kino entstehen zu lassen (1996) oder das Gebäude als erfolgreiches Veranstaltungszentrum zu etablieren (seit 2006). Warum die Bezirksverwaltung nicht dafür sorgt, dass diese Gestelle abgebaut werden, ist für den Betrachter schwer verständlich.

Und noch etwas eher Grundsätzliches würde man sich von den zuständigen Denkmalschutzbehörden wünschen, nämlich klare Richtlinien wie man seitens der Behörden den historischen Zustand definiert und dies transparent belegt mit Bildern oder wenigstens mit Aussagen von Zeitzeugen. Klare Aussagen auch dazu, welche Abweichungen vom historischen Zustand zugunsten moderner Nutzungsmöglichkeiten erlaubt sind, eine Minimierung des Ermessensspielraums, der bisher in jedem Einzelfall besteht, also. Denn die mangelnde Rechtssicherheit bei denkmalgeschützten Gebäuden schreckt bestimmt viele – im Prinzip wohl meistens gutwillige – private Investoren ab, deren Geld man zur Bewahrung dieses Denkmals angesichts des Zustands der staatlichen Haushalte doch dringend brauchen würde.

Mieterschutz, Milieuschutz und die Zukunft der Stalinbauten als Baudenkmal

Bei den ostdeutschen Mietern löste der Eintritt der DePfa als erster westlicher Investor im Jahr 1993 erhebliche Ängste aus. Damals waren rund 20 Prozent, also etwa 500 bis 600 der Wohnungen in den Stalinbauten, immer noch von den Erstmietern aus den 1950er Jahren bewohnt. Viele davon zahlten ausgesprochen niedrige Mieten und hatten inzwischen das Rentenalter weit überschritten und reagierten sehr sensibel auf die Möglichkeit von Mieterhöhungen. Mehr als zwei Jahrzehnte lang kam es immer wieder zu wütenden Protesten von Mietervereinigungen, als nach Abschluss der wichtigsten Sanierungsarbeiten etwa im Jahr 1998 die Wohnungen sukzessive als Eigentumswohnungen zum Kauf angeboten wurden. Dabei bekamen im Verkaufsprozess Mieter den Vorrang, ihnen wurden auch umfassende Mieterschutzrechte zugestanden, mit denen sich Wohnungskäufer abzufinden hatten.

Selbst zu Beginn der 2020er Jahre waren unter den Bewohnern noch einige Erstmieter, denen eine Miete von rund 200 Euro bei lebenslangem Wohnrecht für eine 65-Quadratmeter-Wohnung zugesichert worden war. Viele von ihnen haben beim Bau der Stalinbauten selbst mitgewirkt und daher eine besondere emotionale Bindung an ihr Zuhause. Doch auch denjenigen, die später eingezogen waren, wurden weitgehende Schutzrechte zugestanden. Erst die seit 1998 eingezogenen Mieter müssen sich mit den regulären, gesetzlichen Kündigungsfristen abfinden.

Nachdem die Umwandlung der letzten Wohnungen in Eigentumswohnungen 2015 abgeschlossen war, sahen die Interessenvertreter der Altmieter als neue Bedrohung die beginnende Gentrifizierung und die Übernahme der Wohnungen durch Groß-Investoren. Die Stalinbauten liegen verkehrsgünstig an der U5, die quer durch die Innenstadt bis zum Hauptbahnhof fährt, sie bieten nach der Renovierung attraktiven Wohnraum und das in einer Stadt, in der – wie in allen Großstädten Deutschlands – die Wohnungsnot zunimmt und die Preise ständig steigen. Anfang der 2020er Jahre lagen die Quadratmeterpreise in den Stalinbauten zwischen 5000 und 8000 Euro – auch 10.000 Euro in Bestlagen waren bereits möglich. Nicht nur Mieterverbände, auch die Bezirksregierung von Friedrichshain-Kreuzberg versuchte seit längerem diese Entwicklung zu verhindern.

Der Bezirk Friedrichshain tendierte politisch schon immer stark nach links. In den fünf Wahlen, die zwischen 1990 und 2006 stattfanden (1990, 1995, 1999, 2001, 2006), gewann die SED-Nachfolgepartei PDS jeweils ungefähr zwischen einem Drittel und der Hälfte der Wählerstimmen in den beiden Wahlbezirken, die entlang dem Gebiet Strausberger Platz und Niederbarnimstraße liegen. Nach 2006 haben die Stimmenanteile der Grünen, der SPD und der Partei Die Linke (in der die PDS aufgegangen war) zwar zu einer Veränderung der politischen Landschaft geführt. Vor allem die Grünen haben Wählerstimmen gewonnen. Aber auch nach 2006 und bis 2021 konnten CDU und FDP zusammen nie mehr als insgesamt 20 Prozent der Stimmen erlangen. Erst 2023 änderte sich das, die CDU kam erstmals auf 18 Prozent, die FDP auf rund vier Prozent.

2016 wurde von der Bezirksregierung Friedrichshain-Kreuzberg mit der Stimmenmehrheit von Linke und Grüne ein »Milieuschutzgesetz« für den Bezirk beschlossen, das Luxussanierungen verbot und ein Vorkaufsrecht des Bezirks nach Modernisierungsmaßnahmen unter bestimmten Bedingungen vorsah. 2021 wurde dieses Vorkaufsrecht vom Bundesverwaltungsgericht mit so vielen Auflagen versehen, dass es praktisch gekippt worden war.

Doch oft geht es bei diesen Konflikten gar nicht nur um eine pragmatische Verbesserung der Lebensbedingungen für die Menschen, die an der Karl-Marx-Allee und den angrenzenden Wohngebieten wohnen, es geht auch um die Verteidigung tiefergehender politischer Prinzipien. So ist z. B. auf der Website des Berliner Mietervereins im Mai 2023 ein Artikel über die Entwicklung der Besitzverhältnisse an der Karl-Marx-Allee und der Weberwiese erschienen, in dem u. a. folgende Formulierung zu lesen war: »Die Arbeiterpaläste, in denen heute noch Menschen wohnen, die selbst angepackt und sich als Aufbauhelfer:innen ein Anrecht auf eine Wohnung erarbeitet haben, werden von Immobilienhändlern ungeniert zu Geld gemacht. ›Ein Teil der Gesellschaft verlangt hier von den anderen einen Tribut für das Recht, die Erde bewohnen zu dürfen‹, schrieb Karl Marx, als hätte er vor 150 Jahren die Entwicklung der nach ihm benannten Allee geahnt.«

Hinzu kam ab 2018 der Kampf der Bezirksverwaltung in Kooperation mit Mieterverbänden gegen den Einstieg des Immobilienkonzerns »Deutsche Wohnen« in die Stalinbauten. Nicht nur wegen dieses Geschäftsvorhabens an der ehemaligen Stalinallee, auch wegen der generellen Stimmung in Berlin kam es 2021 zu einem Volksbegehren mit dem Ziel einer Enteignung der »Deutsche Wohnen AG« – eine Mehrheit der Berliner, die an der Abstimmung teilnahmen, unterstützen dies. Ob die seit 2023 in Berlin regierende Koalition aus CDU und

Protest an der Karl-Marx-Allee gegen die sich wiederholenden Verkaufsrunden

SPD dieses teure Vorhaben umsetzen kann und will, darf man allerdings bezweifeln.

Im Jahr 2020 beschloss der Berliner Senat mit einer Stimmenmehrheit aus SPD, Linke und Grüne einen »Mietendeckel« für ganz Berlin, also eine staatlich festgesetzte Obergrenze der Mieten. Doch dieses Gesetz wurde etwa ein Jahr später vom Bundesverfassungsgericht für nichtig erklärt, weil ein Gesetz dieser Art gar nicht zu den verfassungsrechtlichen Kompetenzen der Berliner Regierung gehört.

Bisher konnte keine der Verzweiflungstaten der Berliner Politiker die Preisentwicklung auf dem Immobilienmarkt wirklich stoppen, die Preise steigen unaufhaltsam weiter. Laut der Meinung konservativer und wirtschafsliberaler Kräfte kann die Preissteigerung auf dem Wohnungsmarkt ohnehin nur dadurch gestoppt werden, dass Angebot und Nachfrage zu einem Ausgleich gebracht werden, indem mehr gebaut wird.

Eine andere, eher marktwirtschaftlich geprägte Meinung ist in diesem Zusammenhang für bewohnte Denkmalbauten wie die Stalinbauten interessant, diese Meinung kann in etwa so zusammengefasst werden: »*Wenn der Staat sich umfangreiche Maßnahmen der Denkmalpflege nicht mehr leisten kann, wird das Geld von privaten Bewohnern oder Investoren gebraucht. Die Aufgabe der Erhaltung der Stalinbauten als schönes und gut gepflegtes Denkmal ist eine kostspielige Dauerauf-*

gabe und sie wird nur dann wirklich gelingen, wenn Gentrifizierung bewusst erlaubt und sogar gefördert wird, wenn also möglichst viele wohlhabende Selbstnutzer in die Gebäude einziehen oder wenn den vermietenden Eigentümern erlaubt wird, für ihre Investition eine hohe Miete zu verlangen. Nur dann werden die Stalinbauten in der Obhut von Menschen sein, die die Finanzmittel für die Erhaltung dieser schönen, alten Gebäude haben.«

Es ist allerdings unwahrscheinlich, dass sich, angesichts der politischen Verhältnisse im Bezirk Friedrichshain-Kreuzberg, eine Bezirksregierung dieser Sichtweise in absehbarer Zeit anschließen wird.

Und so wird das zukünftige Schicksal der Stalinbauten wohl von den gleichen Faktoren abhängen, die auch das bisherige Schicksal dieser besonderen Bauten bestimmt haben: Politische Ideologien und Überzeugungen, Geld, ästhetische Präferenzen und die Energie der Menschen, die diese Bauten besitzen, bewohnen und bearbeiten.

Bemühungen um eine Anerkennung als Weltkulturerbe

Die erste Initiative für einen Antrag auf Anerkennung als Weltkulturerbe ging im Juli 2012 von einer Bürgerinitiative aus. Diese war von zivilgesellschaftlichen Denkmalschutzorganisationen gegründet worden, darunter der Verein des Hansaviertels und die Hermann-Henselmann-Stiftung. Die Idee dabei war, sowohl die Bauwerke der Interbau als auch die Gebäude an der ehemaligen Stalinallee vom Alexanderplatz bis zur Niederbarnimstraße in diesem Antrag zusammenzuschließen, da sie kulturhistorisch gesehen die Antipoden des Ost-West-Konflikts darstellen, der in den 1950er und 1960er Jahren auch in der Architektur Ost- wie Westberlins ihren Ausdruck fand.

Nachdem der erste Anlauf ins Leer gelaufen war, wurde 2021 ein neuer Anlauf für einen Antrag auf derselben Basis und für dieselben Gebäude in Angriff genommen. Das Bundesland Berlin hatte sich zwar nun offiziell diesen Bemühungen angeschlossen, aber leider hat sich am 4. Dezember 2023 die Kultusministerkonferenz dagegen ausgesprochen, diesen Antrag weiter zu verfolgen. Dazu muss man wissen, dass bereits die Museumsinsel, einige historische Siedlungen sowie mehrere preußische Schlösser in Berlin zum Weltkulturerbe gehören, Berlin ist also im Bestand der Weltkulturerbe-Objekte der UNESCO bereits sehr gut vertreten.

SPAZIERGANG AUF DER EHEMALIGEN STALINALLEE

VOR DEM SPAZIERGANG

Während der erste Teil dieses Buches die Geschichte der Stalinbauten erzählt, lädt dieser zweite Teil Sie dazu ein, diese besonderen Bauten bei Spaziergängen selbst zu erkunden, und liefert wissenswerte Hintergrundinformationen zu Details der Gebäude.

In den folgenden Wegbeschreibungen finden sich oft Angaben zu Himmelsrichtungen. Die Allee verläuft in ziemlich gerader Ost-West-Richtung zum Alexanderplatz, was die Orientierung erleichtert.

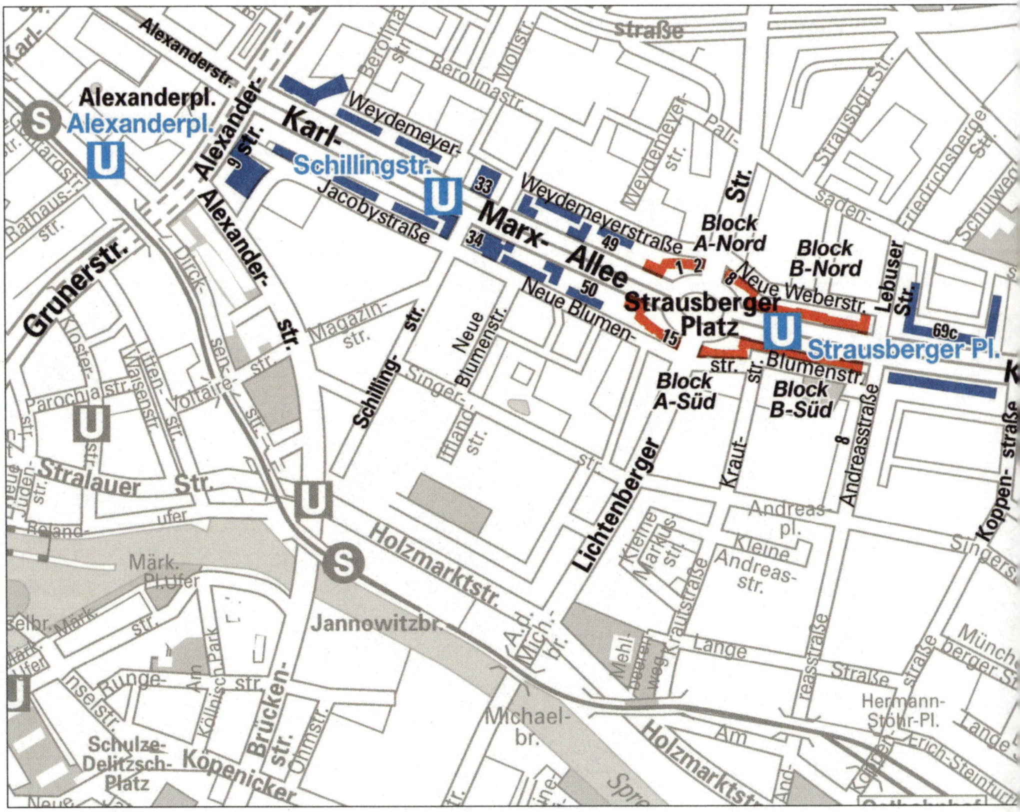

400 Meter östlich (also stadtauswärts) von der U-Bahnhaltestelle Frankfurter Tor wird die Frankfurter Allee aus südlicher Richtung von der Niederbarnimstraße und aus nördlicher Richtung von der Proskauer Straße gekreuzt. Dort ist das östliche Ende des Stalinbauten-Komplexes, der sich im Westen bis zum Strausberger Platz erstreckt. Die Strecke von der Niederbarnimstraße bis zum Strausberger Platz ist rund 2,3 Kilometer lang. Hier stehen die Stalinbauten im Stil des sozialistischen Klassizismus gebaut. Die daran anschließende Strecke vom Strausberger Platz bis zum Alexanderplatz ist rund einen Kilometer lang. Dort befinden sich diejenigen Bauten, die in den 1960er Jahren entstanden sind mit der Absicht, durch einen Schwenk auf einen industriellen Baustil schneller und billiger den damals dringend benötigten Wohnraum zu schaffen. Die gesamte Strecke ist also etwa 3,3 Kilometer lang. Wie lange der Spaziergang dauert, hängt davon ab, wie viel Zeit man sich nimmt, um die interessanten Sehenswürdigkeiten zu erkunden. Entlang der Strecke erläutern 40 Schautafeln die Geschichte der Straße und ihrer Gebäude.

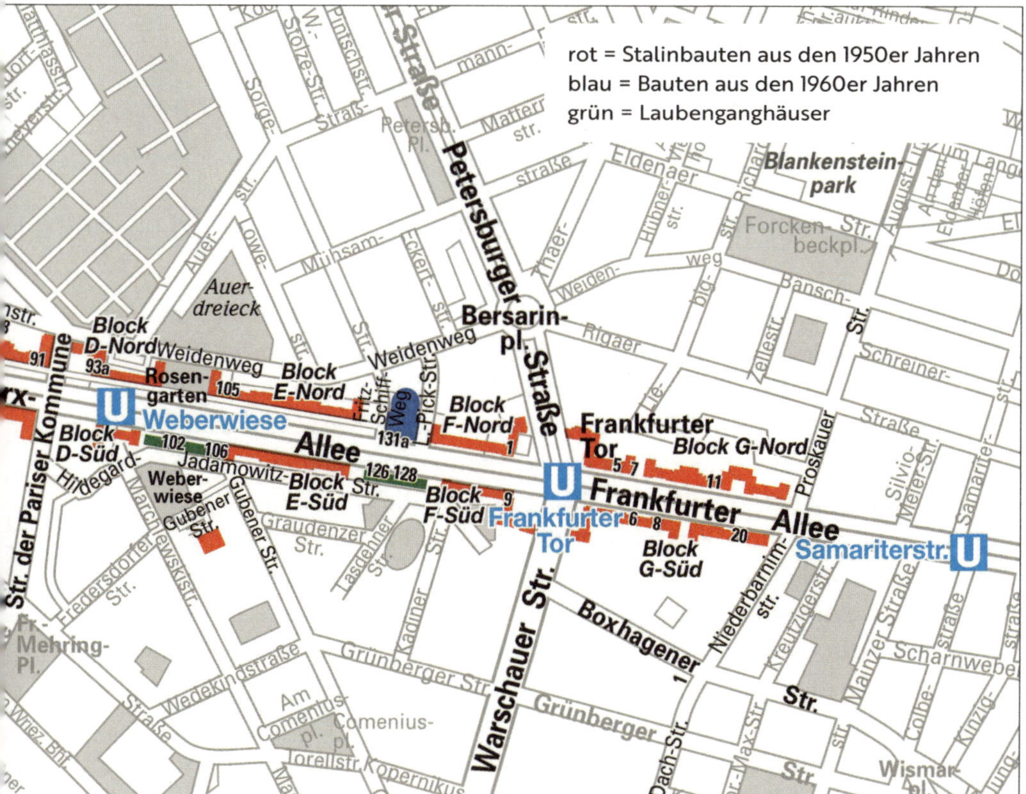

DER BLOCK G VON HANNS HOPP

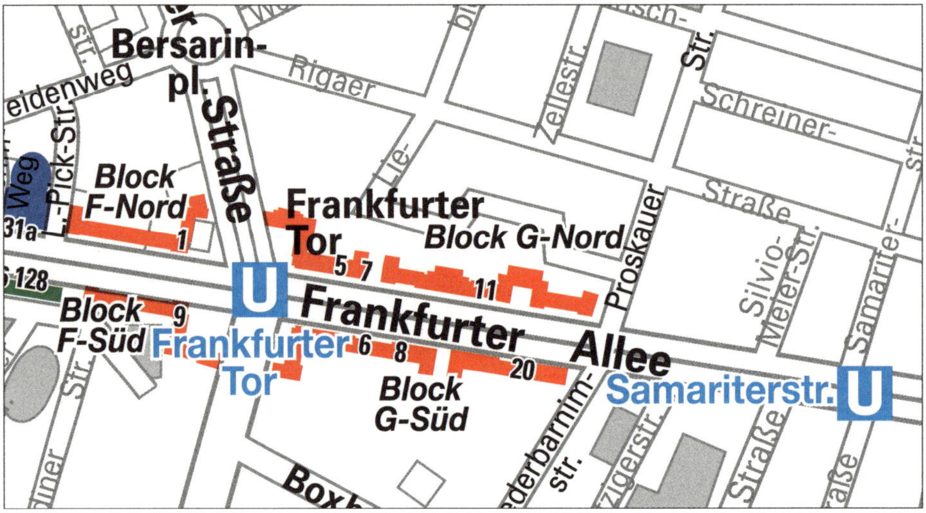

Wir beginnen den Spaziergang am U-Bahnhof Frankfurter Tor. Blickt man an der Kreuzung Warschauer Straße/Frankfurter Allee nach Westen in Richtung Alexanderplatz, sind die Türme des Frankfurter Tors und dahinter die Karl-Marx-Alle zu sehen. Nach Norden schaut man auf das Secondhand-Kaufhaus Humana. Von hier aus sind die grauen Penthouse-Aufbauten auf den Gebäuden der Nordseite der Frankfurter Allee zu sehen, die auf nachlässige Genehmigungsverfahren beim Denkmalschutz zurückgehen. Von den umliegenden Dachterrassen sind diese Aufbauten sehr gut zu sehen, von der Straße aus fallen sie nur auf, wenn man sich bemüht, sie zu sehen.

Wir gehen in östliche Richtung stadtauswärts, um zunächst die Stalinbauten im Block G zu erkunden, die sich zwischen Frankfurter Tor und Proskauer bzw. Niederbarnimstraße befinden (also Frankfurter Allee 1–27, die geraden Hausnummern befinden sich auf der Südseite, die ungeraden auf der Nordseite der Allee). Dieser Teil wurde 1952 geplant und 1953/54 errichtet und bildet

Starke Fassadenglieder in der Höhe und der Tiefe kennzeichnen den Baustil von Hanns Hopp (hier ein Teilstück von Block G-Nord (Frankfurter Allee 6–14)).

das letzte Teilstück der eigentlichen Stalinbauten, also der Bauten im Stil des sozialistischen Klassizismus.

Von den Architekten der Stalinbauten war der hier verantwortlich zeichnende Hanns Hopp derjenige, der am stärksten mit spielerischen Elementen arbeitete. Seine Fassaden sind durch Höhen- und Tiefenstafflung aufgelockert und abwechslungsreich gestaltet. An seinen Gebäuden finden sich reichhaltige Ornamente, ebenso wie zahlreiche Balkone und Erker.

Gerade für Block G trifft dies zu, aber ebenso für den von Hopp gestalteten Block E westlich des Frankfurter Tors. Dies ist umso erstaunlicher, da Hopp, so wie praktisch alle der Stalinbau-Architekten, vor dem Zweiten Weltkrieg keineswegs klassizistische Bauprojekte gestaltet hatte, sondern eher ein Anhänger der Bauhaus-Linie gewesen war und schon mehrere Gebäude in diesem Stil gebaut hatte. Der 1890 geborene Hopp war zu der Zeit, in der er an der Stalinallee als Architekt beauftragt wurde, schon Anfang 60 und hatte zwei Weltkriege miterlebt. Das hielt ihn aber offenbar nicht davon ab, die Herausforderungen der Bauleitung an der Stalinallee zu bewältigen und Planung und Bauleitung der Blocks E und G zu übernehmen.

Wir gehen weiter auf der Südseite der Allee vom Frankfurter Tor aus nach Osten, zunächst an den Hausnummern 4 bis 8 vorbei.

Durchgang zum Friedrich-Händel-Musikgymnasium zwischen der Frankfurter Allee 6 und 8

Zwischen den Hausnummern Frankfurter Alle 6 und 8 gibt es einen Durchbruch durch das Gebäude mit den hohen, imposanten Säulen, an denen sich der typische prunkvolle Baustil von Hanns Hopp zeigt. Folgt man dem Durchgang, gelangt man zu einem Parkplatz, der zur Wohnanlage gehört, dahinter liegt das Georg-Friedrich-Händel-Gymnasium, ein Musik-Gymnasium. Links daneben, also in östlicher Richtung, befindet sich die Bezirksbibliothek des Stadtbezirks Friedrichshain, die nach dem chilenischen Schriftsteller Pablo Neruda benannt ist.

Wir folgen der Frankfurter Allee, gehen an den Hausnummern 10 und 12 vorbei und überqueren die kleine Stichstraße, die zur Bezirksbibliothek führt. In Block G wurde mit weniger Zeitdruck und mit den Erfahrungswerten aus dem Bauabschnitt Strausberger Platz bis Frankfurter Tor gebaut und die Bewohner dieses Blocks haben sich meist große Mühe gegeben, dort, wo Sanierungsmaßnahmen erforderlich waren, das ursprüngliche Aussehen nicht zu verändern. Hier kann man also die Ornamente-Details noch weitgehend so sehen, wie sie von Hanns Hopp entworfen wurden.

Eines dieser interessanten Details können Sie an der Frankfurter Allee 20 und 24 bestaunen: Dort sind jeweils zwei Statuen über dem Eingang angebracht. Bei der Hausnummer 20 sind es zwei männliche Arbeiter, bei der Hausnummer 24 sind es ein Mann und eine Frau in Arbeitskleidung.

Folgt man der die Frankfurter Allee kreuzende Niederbarnimstraße kommt man zu einem Friedrichshainer Szeneviertel, das als »Boxhagener Kiez« bekannt ist. Dort gibt es zahlreiche kleine Geschäfte, Cafés und Restaurants, die Teil einer lebendigen, jungen und unkonventionellen Kulturszene sind. Ein Abstecher dorthin lohnt sich in jedem Fall. Wenn Sie in lockerer Atmosphäre gut essen wollen, dann werden Sie in dieser Straße bestimmt ein Restaurant nach Ihrem Geschmack finden.

Um bei den Stalinbauten zu bleiben, überqueren wir die Kreuzung Frankfurter Allee/Niederbarnimstraße nach Norden und wenden uns dann nach Westen, also Richtung Frankfurter Tor. Auf dem Mittelstreifen empfiehlt sich ein Blick nach Westen, von wo aus man bei schönem Wetter einen wunderbaren Blick auf das Frankfurter Tor und den dazwischen aufragenden Fernsehturm hat. Die Nordseite des

Statuen an den Eingängen der Frankfurter Allee 24 und 27

Block G-Nord, Frankfurter Allee 21–23

Block G ist besonders reich mit Ornamenten verziert und mit einer stark gegliederten Gebäudefront ausgestattet.

Ein kurzes Stück weiter erreichen wir eine Filiale der Commerzbank (Frankfurter Allee 13–15). Dort war von Hopp ursprünglich das Café Deutsche Einheit geplant worden, letztlich zog dort aber das HO-Restaurant Bukarest ein. Dieses Restaurant war mit 420 Sitzplätzen recht groß und hatte auch auf der Terrasse im ersten Obergeschoss Sitzplätze zu bieten. Die Terrasse ist heute noch zu sehen, aber nicht mehr öffentlich zugänglich, nur die von Fritz Kühn gestalteten Leuchten auf der Balustrade kann das vorbeigehende Publikum inzwischen wieder bewundern. Daneben ist das Café Tasso (Frankfurter Allee 11), das eine Kombination aus Restaurant und Bücherantiquariat bietet.

Nur wenige Schritte weiter, zwischen der Frankfurter Allee 5 und 7, kommen wir zu einem weiteren prächtig gestalteten Durchbruch durch die Gebäudefront, der auf die dahinterliegende Liebigstraße führt. Die Fläche oberhalb des Säulengangs ist Teil der dort anschließenden Privatwohnungen. Die Uhr in der Mitte dieser balkonartigen Fläche ist ein architektonisches Kleinod, das in dieser Form nur an dieser Stelle des gesamten Stalinbauten-Komplexes zu finden ist.

Block G-Nord, im Hintergrund der nördliche Turm des Frankfurter Tors

In diesem Gebäude war ursprünglich das Café Deutsche Einheit geplant.

Säulengang mit Uhr in Block G-Nord zwischen Frankfurter Allee 5 und 7

Wir gehen weiter Richtung Frankfurter Tor. An der Nord-Ost-Ecke der Kreuzung Frankfurter Allee/Petersburger Straße ist der noch verbliebene ursprüngliche Schriftzug einer Gewerbeeinheit zu sehen: »Kaffee und Tee« steht dort mit geschwungenen Neonröhren. Nur wenige dieser Ladenbeschriftungen aus den 1950er Jahren sind noch erhalten.

DAS FRANKFURTER TOR VON HERMANN HENSELMANN

Am Frankfurter Tor angelangt, hat man einen guten Blick auf die beiden Türme. Das Frankfurter Tor ist ein spektakuläres Bauwerk und vor allem an sonnigen Tagen ein tolles Fotomotiv. Bei klarer Luft oder bei Sonnenuntergang im Sommer trägt der Fernsehturm im Hintergrund zur Postkarten-Szene bei.

Achten Sie auch auf die historischen Kandelaber (mehrarmige Straßenlaternen), die von Richard Paulick gestaltet wurden. Entlang der Allee stehen 205 zweiarmige und zehn vierarmige dieser »Paulick-Kandelaber«. Die vierarmigen stehen allesamt am Frankfurter Tor.

Die beiden Türme des Frankfurter Tors wurden von Hermann Henselmann gestaltet und sind denen des Französischen und des Deutschen Doms am Gendarmenmarkt aus dem 18. Jahrhundert nachempfunden.

Die beiden Türme, vielleicht die auffälligsten Bauwerke des ganzen Stalinbauten-Ensembles, sind im August 1956 gerade noch fertig geworden, bevor dieser Baustil politisch verpönt wurde und die DDR-Führung auf preiswerte

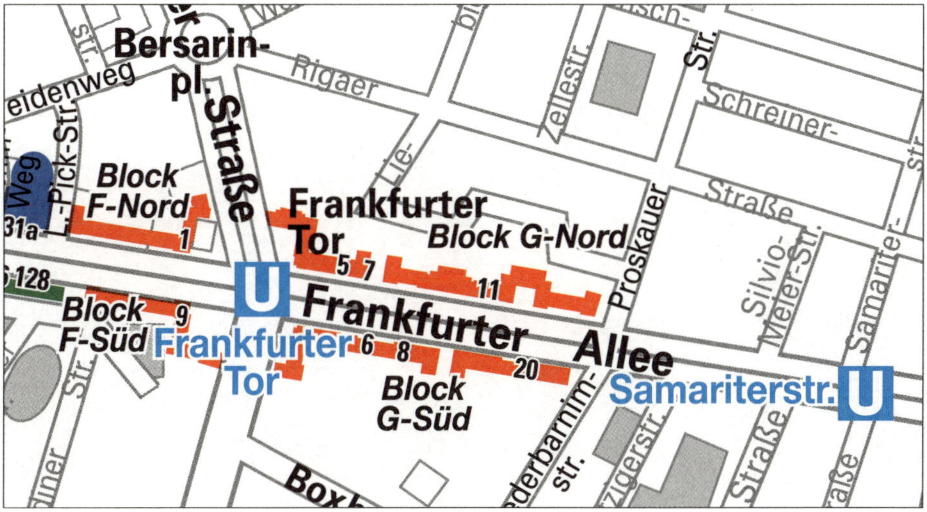

Das Frankfurter Tor mit Fernsehturm im Hintergrund

Die Frankfurter Türme von einer Dachterrasse in Block G-Süd aus betrachtet

Das Innere des Südturms des Frankfurter Tors ist heute eine begehrte Eventlocation.

Schlichtheit und industrielle Fertigung von Bauteilen umschwenkte und diesen ganz anderen Baustil dann genauso rigoros vertrat wie zuvor den klassizistischen Baustil.

Die Türme sind für die Öffentlichkeit weitgehend gesperrt. Im südlichen Turm kann man allerdings die Räumlichkeiten in der Kuppel als Event-Location mieten.

In den neun Stockwerken unterhalb der Kuppel befinden sich auch heute noch auf beiden Seiten der Allee, die ab dem Frankfurter Tor nach Westen hin Karl-Marx-Allee heißt, Wohnungen, so wie es der ursprüngliche programmatische Auftrag für die Stalinallee vorsah.

DER BLOCK F VON KARL SOURADNY UND DAS KINO KOSMOS

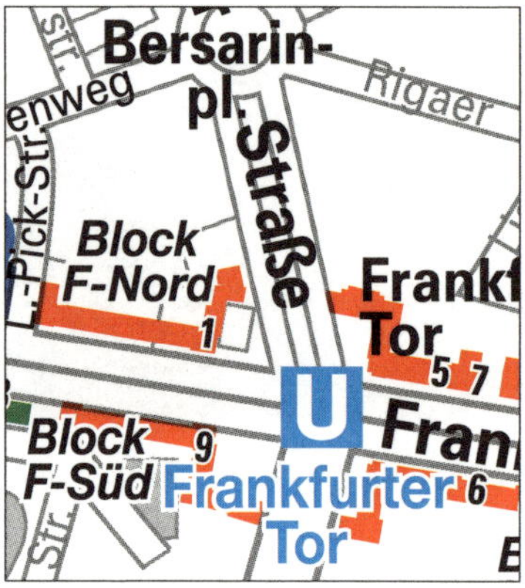

Wir überqueren nun die Petersburger Straße nach Westen und gehen an dem nördlichen Turm des Frankfurter Tors vorbei. Nun befinden wir uns in der Karl-Marx-Allee, die am Alexanderplatz endet und seit 1961 so heißt. Block F mit der Adresse Karl-Marx-Allee 132–143) ist der Abschnitt, der direkt an die Türme des Frankfurter Tors anschließt und im Westen begrenzt wird durch das Kino Kosmos auf der nördlichen Straßenseite und durch eines der Laubenganghäuser auf der südlichen Straßenseite. Block F wurde von Karl Souradny gestaltet. Er verwendete auf diesem recht kurzen Abschnitt wenige Ornamente und ging auch bei der Höhen- und Tiefengliederung eher dezent vor. Für den Geschmack der damaligen Auftraggeber Anfang der 1950er Jahre war diese Gestaltungsweise sogar zu dezent und insbesondere die Gebäude auf der Südseite brachten ihm dafür einige Kritik ein.

Es ist vielleicht eine Ironie der Geschichte, dass auf der Nordseite der Karl-Marx-Allee, mit der Hausnummer 131a, das Kino Kosmos genau gegenüber von einem der Laubenganghäuser steht. Hier war in der ursprünglichen Planung zwar eine Kultureinrichtung vorgesehen, die aber dann aus Mangel an Ressourcen nicht gebaut werden konnte. So wurde in den Jahren 1952/53 eine Lücke gelassen, in dem dann später dieses Kino gebaut wurde. Die Planung hierfür begann 1959 und damit bereits nach der radikalen Abkehr vom klassizistischen Baustil und der Hinwendung zum Modernismus. Als Architekt wurde Josef Kaiser beauftragt, der auch beim Bauabschnitt westlich des Strausberger Platzes federführend war. Das Kino Kosmos entstand 1960 bis 1962, der Bau hat bis heute sein ursprüngliches Aussehen behalten. Innen fanden allerdings nach

Block F-Süd, gebaut nach Plänen des Architekten Karl Souradny

Das Kino Kosmos von Josef Kaiser

Vor dem Kino Kosmos steht nun ein Glaspavillon.

der Wiedervereinigung umfangreiche Umbauten statt, um das Gebäude optimal wirtschaftlich nutzen zu können. Zuerst wurde es zu einem Multiplex-Kino, später zu einer Veranstaltungshalle.

BLOCK E VON HANNS HOPP UND DIE LAUBENGANGHÄUSER

Block E liegt auf der Nordseite der Karl-Marx-Allee zwischen Kino Kosmos (auf der Karte blau eingezeichnet) und Rosengarten auf den Grundstücken Karl-Marx-Allee 105–131. Etwa dort, wo heute die Hausnummern 125–131 zu finden sind, hatte Alfred Döblin, der Autor des berühmten Romans *Berlin Alexanderplatz* in einem damals dort stehenden Haus seine Arztpraxis.

Einen besonderen Hinweis sind die Eingangstüren am Beginn und am Ende von Block E wert, die jeweils auf der Nord- und auf der Südseite der Allee zu sehen sind (es handelt sich um die Hausnummern Karl-Marx-Allee 131 und 124 auf der Ostseite des Blocks und um die Nummer 105 und 106 auf der Westseite). Rund um diese vier Eingangstüren findet sich jeweils ein interessantes Mosaik mit Motiven aus der Welt der Arbeit und Bildern einer glücklichen Gesellschaft. Das ist eines der Kunstwerke, die damals nicht dem Rotstift der Finanzverwalter zum Opfer fielen, die meisten der Kunstwerke, die ursprünglich vorgesehen waren, ereilte am Schluss der Bauphase 1953/54 jedoch dieses Schicksal.

So wie Block G wurde auch Block E von Hanns Hopp gebaut, auch hier kommt sein aufwendiger und prächtiger Baustil zum Tragen. Der südliche Teil von Block E liegt zwischen den beiden Laubenganghäusern. Wir gehen deshalb über die Straße auf die Südseite der Allee und schauen uns diese Gebäude an, die im Jahr 1950 den Zorn des damaligen starken Manns in der Führung der DDR, Walter Ulbricht, hervorriefen. Dies sind die Gebäude, die er als »amerikanische Eierkisten« beschimpfte und die im Mittelpunkt der Ablehnung des Modernismus standen, der als »formalistisch« und als für eine sozialistische Baukultur ungeeignet gebrandmarkt wurde.

Aufwendige Mosaik-Verzierung, hier am Eingang der Karl-Marx-Allee 105

Auf der Südseite von Block E, also von der Allee aus gesehen »hinter« diesen Gebäuden, entlang der Graudenzer Straße lassen sich weitere Gebäude besichtigen, die in dieser Zeit als Teil der »Wohnzelle Friedrichshain« gebaut wurden. Insgesamt sechs solcher Gebäude stehen dort.

An dem Gebäude in der Karl-Marx-Allee 108 können Sie einen weiteren der ursprünglichen Schriftzüge über einem Ladengeschäft sehen: »Fleischwaren«. Hier befand sich sehr lange eine Metzgerei, erst seit 2022 wird diese Gewerbefläche anders genutzt als es der Schriftzug über dem Eingang besagt.

Block E-Süd soll von Lehrlingen errichtet worden sein.

Eines der Laubenganghäuser, die bei Walter Ulbricht in Ungnade gefallen waren.

Denkmalgeschützter historischer Schriftzug

DAS HOCHHAUS AN DER WEBERWIESE VON HERMANN HENSELMANN

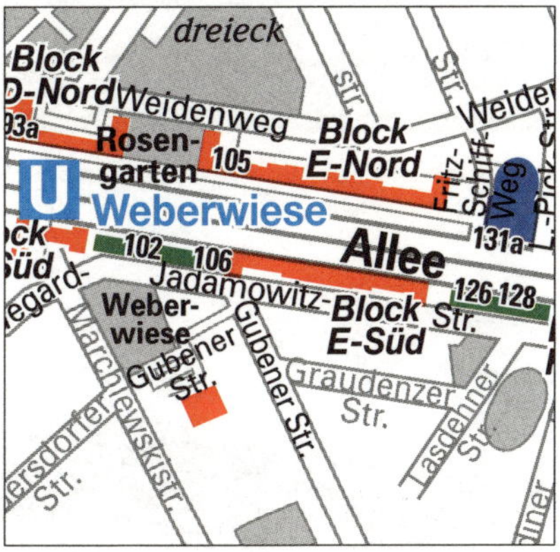

Hinter dem westlichen der beiden Laubenganghäuser befindet sich das architekturhistorisch vielleicht bedeutsamste Bauwerk unter den Stalinbauten: das Hochhaus an der Weberwiese.

Biegt man in die Marchlewskistraße ein, sieht man das Haus schon vor sich: Ein 35 Meter hohes Gebäude mit einem kleinen Park und einem Zierteich davor. Das Hochhaus ist alleinstehend, aber dennoch umgeben von anderen Gebäuden, die zwar als Ensemble geplant wurden, aber erst nach dem Hochhaus gebaut wurden. Bei der Fertigstellung im Frühjahr 1952 muss dieses Gebäude wegen seiner prächtigen Gestaltung und seiner Höhe enormen Eindruck gemacht haben, denn die Umgebung war noch kriegszerstört. Noch lag überall Schutt und die heutige Karl-Marx-Allee war gerade erst zu einer Baustelle geworden, auf der teilweise noch die Aufräumungs- und Erdarbeiten liefen. Sehr schön ist die Grünanlage mit Teich vor dem Gebäude, eine echte Oase der Ruhe mitten in der Stadt.

Das Hochhaus entstand nach den Entwürfen von Hermann Henselmann 1951/52 und war das erste Gebäude, das in vollem Umfang den Vorstellungen der DDR-Führung von der Architektur der Stalinallee entsprach. Man könnte sagen, es ist der erste, der »ursprünglichste« Stalinbau.

Die schwarzen Säulen am Eingang sollen von Hermann Görings Landsitz stammen, von wo sie entnommen und an die Weberwiese verpflanzt wurden. Die Säulen haben übrigens keine tragende Funktion, sie sind reine Zierelemente.

Das Gebäude ist bewohnt und kann im Innenbereich nicht besichtigt werden. Im Gebäude befinden sich 33 Wohnungen mit einer Größe von jeweils

Der Teich mit Fontäne vor dem Gebäude

Der Eingang zum Hochhaus an der Weberwiese

96 Quadratmetern, die um ein zentrales Treppenhaus herum angeordnet sind und die schon damals erstaunlich luxuriös ausgestattet waren. Auch das Dachgeschoss wird als Wohnraum genutzt.

ROSENGARTEN, AUERDREIECK UND BLOCK D VON KURT LEUCHT

Ein wichtiger politisch-historischer Ort

Wir gehen zurück auf die Karl-Marx-Allee und schauen auf die nördliche Straßenseite. Dort fällt unser Blick schräg gegenüber auf eine kleine Parkanlage: den Rosengarten. Dahinter liegt zwischen Auerstraße, Weidenweg und Löwenstraße das Auerdreieck, das ebenso von Kurt Leucht beplant worden war wie die an der Straßenfront liegenden Blöcke D-Nord und D-Süd. Dieser Ort ist von großer historischer Bedeutung, denn hier nahm der Volksaufstand im Juni 1953 seinen Ausgang, nachdem die dort beschäftigten Bauarbeiter mit einem Streik und einem Protestmarsch gegen die Normerhöhung aufbegehrt hatten.

Die Gebäude von Block D (westlich vom Rosengarten im Norden und westlich der Marchlewskistraße im Süden bis zur Straße der Pariser Kommune) sind in Bezug auf Zierelemente und die Höhen- und Tiefenstaffelung der Gebäudefronten eher zurückhaltend ausgestattet. Der Architekt Kurt Leucht ging mit solchen Elementen, ähnlich wie sein Kollege Karl Souradny bei Block E, eher zögerlich um. Allerdings bietet der relativ kurze Block D eine klassisch gestaltete Fassade wie sie in den 1930er Jahren üblich war: Gleichmäßig aneinandergereihte zahlreiche Fenster ergeben ein Raster, das nur von wenigen Balkonen und einigen dezenten Erkern unterbrochen wird. Das unterste und das oberste Stockwerk sind von den dazwischenliegenden Stockwerken optisch getrennt, wobei sich harmonische Proportionen ergeben, ohne dass das Gebäude insgesamt besonders prächtig erscheint.

Der Rosengarten, im Hintergrund die Gebäude des Auerdreiecks

Schöne orginale Schriftzüge

Das Café Warschau im heutigen Computerspielemuseum

Innenansicht des Café Warschau

Auch hier, an der Adresse Karl-Marx-Allee 99, findet sich die Original-Beschriftung für eines Ladengeschäfts: »Briefmarken« steht dort lapidar. Offenbar war hier einmal ein Laden, in dem man Briefmarken und sicher auch andere Dinge kaufen konnte, heute ist dort ein nettes kleines Restaurant.

Folgen wir der Karl-Marx-Allee weiter Richtung Westen auf den Alexanderplatz zu, erreichen wir das Gebäude, in dem früher die Apotheke Berliner Bär war; an der Ecke ist heute das Computerspielemuseum (Karl-Marx-Allee 93a) beheimatet. Dort war ursprünglich einmal das Restaurant/Café Warschau; die Innenräume sind mittlerweile vollkommen umgestaltet, an die originale Ausstattung erinnert nichts mehr.

Direkt neben dem Computerspielemuseum gibt es einen kleinen Biergarten, der bei schönem Wetter ein idealer Ort für eine kleine Pause ist.

Gegenüber, auf der südlichen Seite der Allee steht ein modernes Bürogebäude, das nach der Wendezeit dort errichtet wurde (Karl-Marx-Allee 90a). Dieses Glas- und Stahlmonster fügt sich nicht so recht ein in die Reihe der klassizistischen Stalinbauten. Schaut man von dieser Ecke aus in südlicher Richtung in die Straße der Pariser Kommune hinein, sieht man einen Blumenladen. Auch über diesem Blumenladen ist ein weiterer besonders schön gestalteter originaler Gewerbe-Schriftzug »Blumen« zu entdecken.

BLOCK C VON RICHARD PAULICK

Haus Budapest, Karl-Marx-Buchhandlung, Fassaden-Reliefs und Café Sibylle

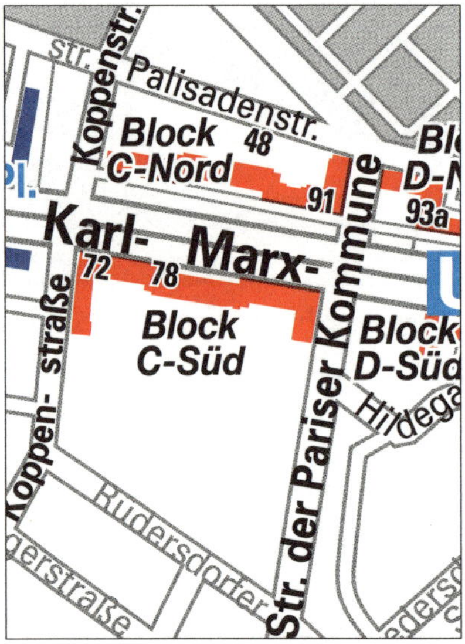

Nach dem Überqueren der Kreuzung Karl-Marx-Allee/Straße der Pariser Kommune erreichen wir Block C, der gleich mehrere Besonderheiten hat. An der Nord-West-Ecke dieser Kreuzung befindet sich heute ein Steakhaus (Karl-Marx-Allee 91), früher war hier das Restaurant Budapest, das 1954 eröffnet wurde. Bei seiner Eröffnung war das Budapest ein schickes Restaurant, heute ist dieser Gaststättenbetrieb nur noch von außen sehenswert, denn innen wurde radikal umgebaut, das erste Obergeschoss gehört nicht mehr zum Restaurant.

Wir wechseln die Straßenseite und gehen weiter Richtung Westen. Schon nach rund 100 Metern kommen wir zur Karl-Marx-Allee 78, in der früher die berühmte Karl-Marx-Buchhandlung beheimatet war, die zu den Lieblingselementen von Walter Ulbricht in dem Gesamtkomplex Stalinallee gezählt haben soll. Nachdem die Buchhandlung 2008 aus wirtschaftlichen Gründen schließen musste, zog zunächst die Architektenkammer Berlin in diese Räumlichkeiten, die sich jedoch schon bald darauf praktischere Büroräume zulegte und wieder auszog. Heute sind die Räumlichkeiten wieder vermietet und man kann nur hoffen, dass der wertvollen Inneneinrichtung der richtige Respekt entgegengebracht wird. Eine Besichtigung der Innenräume ist derzeit nicht möglich; man kann lediglich durch die großen Schaufenster einen Blick auf die schönen Leuchten und die aufwendige Holzvertäfelung werfen. Der Schriftzug »Karl Marx Buchhandlung« über dem Eingang ist ebenso denkmalgeschützt wie die Leuchten auf der Balustrade des Balkons im ersten Stock.

In diesem Gebäude war ursprünglich das Restaurant Budapest.

So sah der Restauranteingang früher aus.

Hier war bis 2008 die berühmte Karl-Marx-Buchhandlung beheimatet.

Reliefs mit sozialistischen Motiven in der Karl-Marx-Allee 81

Steht man vor der ehemaligen Buchhandlung und tritt ein paar Schritte zurück, zeigen sich an der Fassade wunderbare Reliefs. Wir stehen vor den Gebäuden von Block C-Süd. Auf der gegenüberliegenden Straßenseite befindet sich Block C-Nord und auch dort ist die Fassade mit zahlreichen Reliefs aus der Bauzeit 1952/53 versehen, die Motive aus der sozialistischen Gedankenwelt zeigen.

Auch auf der anderen Straßenseite finden sich diese Reliefs oberhalb des Eingangsportals. Neben Figuren, meist aus der Arbeitswelt, finden sich auch Propagandasprüche zum Nationalen Aufbauprogramm, die auf diesen Keramikteilen verewigt wurden.

An der nordwestlichen Ecke von Block C-Nord und damit an der Ecke Koppenstraße/Karl-Marx-Allee sieht man oben das Penthouse, das der Architekt des Blocks C, Richard Paulick, für sich selbst errichtet hat. Richard Paulick verstarb 1979.

Schaut man sich die Gebäude von Block C, die sich von der Straße der Pariser Kommune bis zur Koppenstraße erstrecken, genauer an, erkennt man, dass Paulick diese Gebäude sehr ausdrucksvoll und – ähnlich wie Hanns Hopp – sehr kunstvoll gestaltete. So wie Hopp arbeitete auch Paulick mit starken Differenzierungen in der Tiefenstaffelung, die Höhenstaffelung ist allerdings optisch etwas dezenter gestaltet.

Paulicks Block C entstand etwa ein Jahr vor dem von Hopp gebauten Block G im Jahr 1952. Paulick war als Koordinator der sechs an der Stalinallee beschäftigten Architektenkollektive eingesetzt worden, er hatte vermutlich ausreichend Autorität und Rückendeckung, um souverän seine künstlerischen Talente in der Detailarbeit einzusetzen.

Einige dieser Elemente erscheinen fast barock, was vielleicht nicht mehr so überraschend ist, wenn man weiß, dass das Architektenkollektiv von Richard Paulick während der Entstehungsphase von Block C auch noch mit dem Wiederaufbau der Staatsoper Unter den Linden beauftragt war und gleichzeitig daran arbeitete.

Paulick hat am Block C das Erdgeschoss etwas vorgezogen und mit vertikalen Pilastern untergliedert. Über dem Erdgeschoss mit den Geschäften entsteht so eine durchlaufende Terrasse, die von einer kunstvoll gestalteten Balustrade begrenzt wird. Auf diese Balustrade hat Paulick große Leuchten gesetzt, die ähnlich gestaltet sind wie seine Kandelaber und an diesem Ort auf der Balustrade an die steinernen Vasen barocker Bauten erinnern. Man kann sich gut vorstellen, dass den geschundenen Menschen im Nachkriegsdeutschland diese Kette von Leuchten in der Nacht wie eine leuchtende Perlenkette und wie ein Wunder aus einem Märchen vorgekommen sein muss.

Die Laternen auf den Balustraden haben die Anmutung von barocken Steinvasen

Block C-Süd, Eingangsportal und langer Gang im Innenbereich

Harmonisch und sehr transparent gestaltete Elemente der Innenarchitektur

Auch bei den Eingangsportalen und im Inneren der Gebäude von Block C ist die Gestaltung sehr klassizistisch mit Stuck, Art-déco-Wandlampen und vielen Holzelementen. Auffällig ist, dass Paulick viele Glasflächen geschaffen hat, die zusammen mit den eher schmalen Rahmenteilen einen fast filigranen Gesamteindruck schaffen.

Ein paar Meter weiter nach Westen erreichen wir in der Karl-Marx-Allee 72 das Café Sibylle. Ursprünglich als Milchbar konzipiert, eröffnete dieses Lokal als eines der ersten an der Stalinallee im Jahr 1953, mit dem wenig peppigen Namen »Milchtrinkhalle«. In den 1960er Jahren erfolgte eine Umbenennung in Café Sibylle. »Sibylle« war damals der Name einer bekannten Frauenzeitschrift in der DDR. Wie so viele Gaststätten musste auch das Café Sibylle nach der Wende schließen, ging dann durch die Hände mehrerer Pächter und eröffnete erneut im November 2018. Der letzte Regierungschef der DDR, Hans Modrow, kam damals zur Feier der Wiedereröffnung, so bedeutsam ist diese Gaststätte kulturhistorisch gesehen.

Das Café Sibylle beherbergt eine Sammlung von historischen Stücken aus der Stalinallee, unter anderem ein Duplikat des Ohrs der Stalin-Statue, die 1949 aufgestellt und 1961 wieder abgebaut worden war.

Das Café Sybille bietet nicht nur Speisen und Getränke, sondern auch eine kleine Ausstellung von historischen Objekten.

Die Exponate, die im Café Sibylle zu sehen sind, sind historisch gesehen von unschätzbarem Wert und unbedingt sehenswert, vor allem bekommt man durch die ausgestellten Inneneinrichtungen einen guten Eindruck von der ursprünglichen Ausstattung der Wohnungen in den Stalinbauten.

DER PLATZ DER ABGERISSENEN SPORTHALLE ZWISCHEN KOPPENSTRASSE UND LEBUSER STRASSE

Vom Café Sibylle aus sind es nur ein paar Schritte zur Kreuzung Karl-Marx-Allee/Koppenstraße. Überquert man die Koppenstraße sieht man einen längeren Block mit Plattenbauten, die dort auf der Süd- wie auf der Nordseite der Allee stehen und sich bis zur Andreasstraße im Süden bzw. bis zur Lebuser Straße im Norden erstrecken. In dem Kartenausschnitt rechts sind sie als blaue Blöcke eingezeichnet.

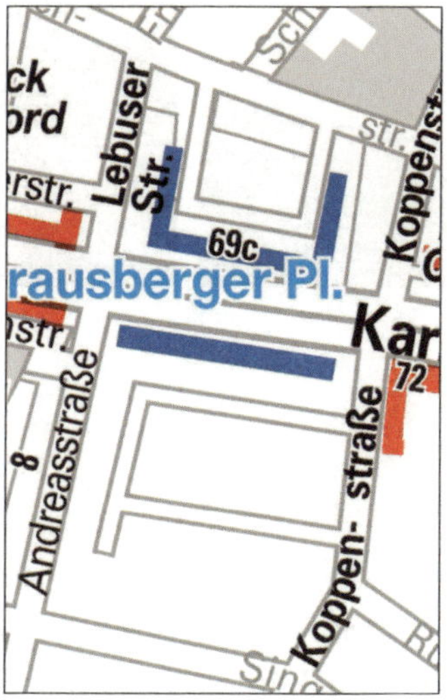

Diese Gebäude verwundern mitten im Stalinbauten-Ensemble. An dieser Stelle stand auf der Nordseite der Allee die Deutsche Sporthalle, die bereits 1972 abgerissen wurde, weil sie baufällig geworden war. Zu groß waren die

Wo früher die Deutsche Sporthalle war, stehen heute Plattenbauten.

Plattenbauten haben an dieser Stelle die Deutsche Sporthalle und das Stalindenkmal ersetzt.

Schäden, die sich aus der übereilten Fertigstellung in weniger als 150 Tagen im Jahr 1951 ergeben hatten. Die Halle war einsturzgefährdet, die Sanierung hätte einen enormen Aufwand bedeutet.

Auf der gegenüberliegenden Straßenseite befand sich bis 1961 das Stalindenkmal. In der Nacht vom 13. auf den 14. November war das fünf Meter hohe Denkmal still und heimlich abgebaut worden, nachdem in der Sowjetunion ab 1956 eine von Nikita Chruschtschow initiierte Entstalinisierung-Kampagne am Laufen war.

Mit dem Verschwinden der Deutschen Sporthalle und des Stalindenkmals waren innerstädtische Freiflächen mitten in Ostberlin entstanden, die in den 1970er Jahren bebaut wurden, nun allerdings in dem neuen, politisch präferierten Stil der hochgradig funktionellen und industriellen Bauweise.

Übrigens wohnte der berühmte Zeichner und Fotograf Heinrich Zille in der Kleinen Andreasstraße, also in dem Viertel das etwa 300 Meter südlich der Karl-Marx-Allee zwischen Andreasstraße und Krautstraße liegt. Viele seiner Milieu-Porträts sind von dieser Umgebung inspiriert.

Die Deutsche Sporthalle zwischen den Wohnblocks der Stalinbauten

An dieser Stelle stand bis zum 13. November 1961 das fünf Meter hohe Stalindenkmal.

BLOCK B VON EGON HARTMANN

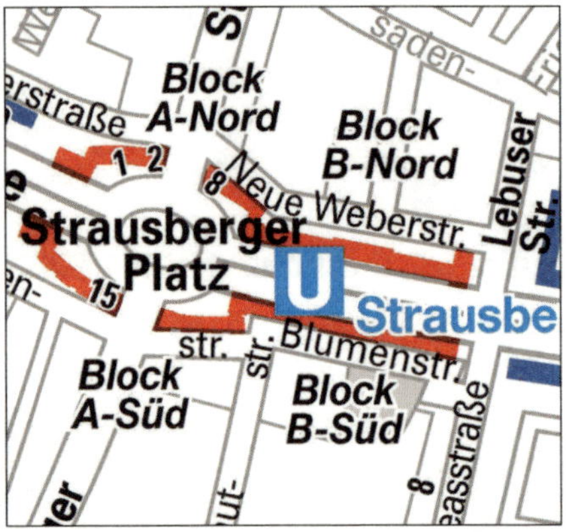

Wir setzen unseren Spaziergang Richtung Strausberger Platz fort. Sobald man entweder die Lebuser Straße auf der Nordseite der Allee oder die Andreasstraße auf der Südseite überquert hat, gelangt man zu Block B der Stalinbauten. Block B erstreckt sich von der Lebuser- bzw. Andreasstraße bis zum Strausberger Platz, dessen beide Hochhäuser nun bereits deutlich zu sehen sind.

Der Architekt von Block B war Egon Hartmann, also der Gewinner des Architekten-Wettbewerbs für die Gestaltung des gesamten Komplexes vom Strausberger Platz bis zum Frankfurter Tor. Wie die meisten Architekten der Stalinbauten setzte auch Hartmann einige stilistische Mittel ein, um das obere und untere Band seiner Gebäude optisch abzusetzen: oben durch eine dunkle Plattenverkleidung und zwei Gürtelbänder, unten durch einen Arkadengang, der ebenfalls dunkel verkleidet ist und damit ein optisches Band rund um das Gebäude bildet. Mit Ornamenten und Höhen- und Tiefenstaffelung ging Hartmann eher sparsam um.

Aufgrund der relativ bescheidenen Gestaltung der Gebäude von Egon Hartmann erleben Sie vielleicht das gleiche, was viele Spaziergänger an diesem Punkt der Allee erleben: Ihr Blick wird angezogen von den beiden Hochhäusern am Strausberger Platz.

Eingangstür in Block B

Fassadenansicht des Blocks B, erbaut von Egon Hartmann

Blick von Osten auf die beiden Türme des Strausberger Platzes

DER STRAUSBERGER PLATZ MIT DEM HAUS BERLIN UND DEM HAUS DES KINDES

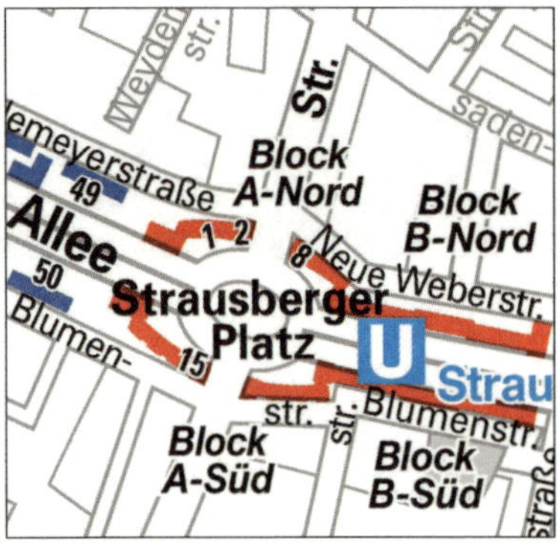

Das nördliche der beiden Hochhäuser am Strausberger Platz wurde Haus Berlin genannt. Dort befanden sich mehrere Restaurants und Cafés, ganz oben, im 14. Stock, war eine Tanzbar. Noch heute ist dort das Schild zu sehen, durch das auf das Restaurant hingewiesen wird, am anderen Ende ist in jüngerer Zeit ein Schriftzug mit dem Namen des Gebäudes angebracht worden. Heute befindet sich im obersten Stockwerk eine Tanzschule, deren Räumlichkeiten als Event Location gemietet werden können.

Der südliche Turm war das Haus des Kindes. Konzipiert als Kinderparadies war es überregional bekannt. Im Keller des Gebäudes gab es ein Puppentheater, im Erdgeschoss eine kinderfreundlich gestaltete Gaststätte, im zweiten und dritten Obergeschoss war ein Kaufhaus für Kinderspielzeug eingerichtet und ganz oben, im 13. Stock, ein »Kindercafé«, in dem Erwachsene nur in Begleitung von Kindern Zutritt hatten. Auch eine Kindertagesstätte war in dem Gebäude untergebracht.

Das Haus des Kindes ist von den Gebäuden in der ehemaligen Stalinallee vermutlich dasjenige, an dem sich am eindrücklichsten zeigt, dass das politische System der DDR ursprünglich aus humanistischen Gedanken heraus entstanden ist. Man fragt sich an einem solchen Ort unweigerlich, wie die DDR so schnell zu einem Unterdrückerstaat werden konnte.

Die Hochhäuser am Strausberger Platz stammen von Hermann Henselmann, weshalb sie nicht zufällig in manchen Stilelementen dem Hochhaus an der Weberwiese ähneln: die gestaffelte Gliederung der Fassade in der Höhe, der quadratische Grundriss, die Säulengänge im Erdgeschoss, die Wahl der Materialien, um nur einige Aspekte herauszugreifen.

Die beiden Hochhäuser am Strausberger Platz. Links (im Süden) das Haus des Kindes, rechts (im Norden) das Haus Berlin

Haus Berlin

Blick auf den Strausberger Platz

Üppig ausgestattetes Schaufenster im Haus des Kindes

Wandgemälde in der Eingangshalle zum Haus des Kindes

Kunstschmiedearbeiten im Haus des Kindes

Der Springbrunnen »Schwebender Ring« in der Mitte des Strausberger Platzes

Im Inneren des Haus des Kindes, das von Privatleuten bewohnt wird und daher leider nicht öffentlich zugänglich ist, finden sich die berühmten Schmiedeeisen-Arbeiten von Fritz Kühn, einem der prominentesten, vielleicht sogar *dem* prominentesten Kunstschmied der DDR. Mit seinem spezifischen Stil trug er erheblich zum Charakter der Innenausstattung der Gebäude bei.

Fritz Kühn gestaltete auch den Springbrunnen in der Mitte des Strausberger Platzes, eine Stahlplastik mit dem wohlklingenden Namen »Schwebender Ring«. Jener »Schwebende Ring« besteht aus 16 unterschiedlichen Stahlreliefs, die auf Stelzen stehen und daher zu schweben scheinen.

Damit sind wir am Ende der Stalinbauten angekommen. Geht man durch den Arkadengang im Ergeschoss des Haus des Kindes nach Westen, kommt man dort an, wo der Strausberger Platz endet und der zweite Bauabschnitt beginnt, der in den 1960er Jahren entstanden ist und der in der heutigen Architekturliteratur mit KMA II (= Karl-Marx-Allee zweiter Abschnitt oder einfach »zweiter Bauabschnitt«) bezeichnet wird. Geht man ein paar Schritte weiter in Richtung Westen, sieht man dort die ersten Plattenbauten direkt im Anschluss an die klassizistischen Hochhäuser von Hermann Henselmann.

VOM STRAUSBERGER ZUM ALEXANDERPLATZ

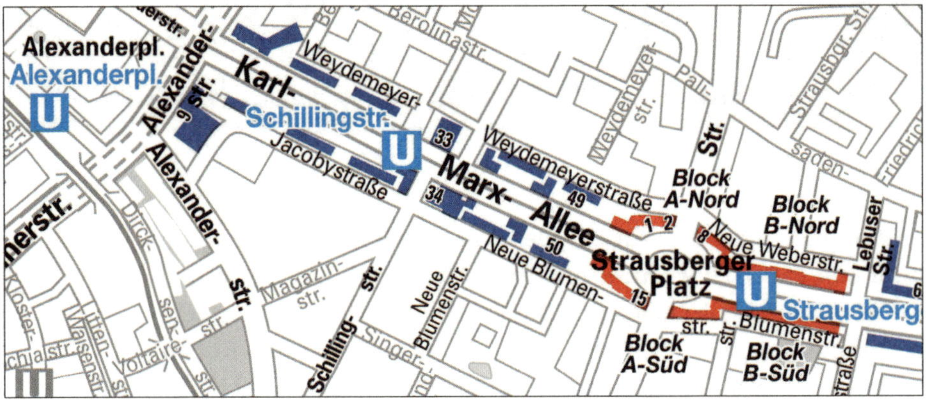

Besagten zweiten Bauabschnitt erreicht man, wenn man den Strausberger Platz in westlicher Richtung verlässt. Als dieser Abschnitt in den 1950er Jahren geplant und im folgenden Jahrzehnt gebaut wurde, hatte die radikale Abkehr vom »sozialistischen Klassizismus« bereits stattgefunden. Vorherrschend war nun eine möglichst preiswerte, industrielle Bauweise. In diesen ersten Plattenbauten der DDR waren im Erdgeschoss keine Gewerbeeinheiten mehr vorgesehen, da dies einer effizienten Bauweise widersprochen hätte.

Auf dem Weg Richtung Westen kommen wir zunächst an sehr schlichten, schmucklosen Bauten vorbei. Es handelt sich um kubisch geformte Scheibenhochhäuser ohne jegliche Höhen- oder Tiefenstaffelung und bei der Gestaltung der Eingänge und der Balkone von Ornamentik zu sprechen, wäre sicher übertrieben. Die Fassaden sind fast durchgängig mit grauen Kacheln verkleidet, die mit Metallklammern befestigt sind und insgesamt eine sehr glatte Oberflächenstruktur schaffen.

Auf zwei der Gebäude sind noch Werbe-Schriftzüge aus DDR-Zeiten auf dem Dach erhalten: der von »Balkancarpodem«, einer Firma, die Seilzüge und Gabelstapler hergestellt hat, und von »Tatra«, einem tschechischen LKW-Hersteller.

Oben: Schriftzug der Firma Balkancarpodem und Schriftzug der Firma Tatra
Links: Direkt hinter dem Haus des Kindes und dem Haus Berlin beginnen die Plattenbauten.

Entlang der etwa ein Kilometer langen Strecke zwischen Strausberger Platz und Alexanderplatz stehen drei bemerkenswerte Gebäude: das Kino International, das Café Moskau und das Haus des Lehrers. Federführender Architekt dieses Bauabschnitts war Josef Kaiser.

Kaiser war einer der meistbeschäftigten Architekten der DDR und am Bau von über 400 Gebäuden beteiligt, nachdem er 1951 dem Team der Meisterwerkstatt von Hanns Hopp beigetreten war. Er wurde zu einem der wichtigsten Architekten der Nachkriegsmoderne der DDR, der nicht nur am massenhaften und industriellen Bau von Plattenbauten beteiligt war, sondern auf den auch einige sehr prominente Bauikonen zurückgehen. Auch das Kino Kosmos in der Nähe des Frankfurter Tors ist eines der Gebäude von Josef Kaiser.

Folgen wir der Karl-Marx-Allee vom Strausberger Platz aus Richtung Alexanderplatz, dann gehen wir zunächst an Scheibenhochhäusern vorbei und erreichen schließlich, nach einigen hundert Metern, an der Karl-Marx-Alle 33 den niedrigeren und sehr auffälligen Bau des Kinos International. An den Seitenwänden und an der Rückwand sind sehr dezente, ganz in weiß gehaltene Reliefs angebracht, die modernistisch geprägt sind und sich deutlich von denen

Das Kino International heute; die Innenausstattung im ersten Stock ist noch vollständig erhalten.

Das Café Moskau mit dem Sputnik-Modell; rechts das Mosaik »Szenen aus dem Leben der Sowjet-Völker« an der Außenwand.

z.B. am Block C weiter östlich unterscheiden. Sie wurden von den drei Bildhauern Waldemar Grzimek, Karl-Heinz Schamal und Hubert Schiefelbein in Betonguss gestaltet und mit dem Namen »Aus dem Leben der heutigen Menschen« versehen. Das Kino wurde nach Plänen von Josef Kaiser gebaut und 1963 eröffnet. Die Innenausstattung ist fast vollständig im Original erhalten. Das gesamte Gebäude, inklusive Innenräume, steht unter Denkmalschutz. Da es sich um ein Kino handelt, das noch in Betrieb ist, kann man die Innenräume besichtigen, wenn man sich eine Kinokarte kauft.

Anders verhält es sich mit dem Café Moskau, das nur noch von außen betrachtet werden kann. Es befindet sich gegenüber in der Karl-Marx-Allee 34. Das Café Moskau geht ebenfalls auf Pläne von Josef Kaiser zurück und wurde im Januar 1964 eröffnet. Es bot russische Speisen, Mokka und ein kleines Geschäft für Kunsthandwerk, abends war es auch ein Tanzcafé.

Das Gebäude hat zwei Besonderheiten: zum einen die Nachbildung des Satelliten Sputnik in Originalgröße. Sie wurde als Geschenk des sowjetischen Botschafters bei der Eröffnung überreicht und ziert noch heute das Dach des

Ehrenparade zum 40. Jahrestag der DDR 1989 auf der Karl-Marx-Allee

Gebäudes. Dieser Satellit löste, als er 1957 ins All geschossen wurde, in der westlichen Welt den »Sputnikschock« aus, da man nun im Westen eine technologische Überlegenheit der Sowjetunion für möglich hielt.

Zum anderen ist das Mosaik des Künstlers Bert Heller an der Außenwand vor dem Eingangsbereich interessant, auf dem »Szenen aus dem Leben der Sowjet-Völker« – so der Titel des Kunstwerks – zu sehen sein sollen.

Steht man vor dem Café Moskau und blickt auf die andere Straßenseite nach Norden, erhebt sich hinter dem Kino International ein hohes Gebäude, an dessen Stelle früher das 13-stöckige Hotel Berolina (ebenfalls ein Werk von Josef Kaiser) stand. Dieses Haus wurde 1996 abgerissen und durch ein 14-stöckiges Verwaltungsgebäude ersetzt, in dem sich heute das Rathaus Mitte befindet.

Die Karl-Marx-Allee ist auch zwischen Strausberger Platz und Alexanderplatz sehr breit und nicht immer war der Mittelstreifen vorhanden. Diese Strecke wurde daher von der DDR-Führung gerne für Aufmärsche aller Art benutzt. Hier fand auch die Militärparade am 7. Oktober 1989 statt, mit der das 40-jährige Bestehen der DDR gefeiert wurde.

Das Haus des Lehrers, davor das Berliner Congress Center bcc

Westlich vom heutigen Rathaus Mitte, an der Karl-Marx-Allee 11–19, war für diese Parade eine Ehrentribüne aufgebaut worden, auf der nicht nur DDR-Politprominenz stehen sollte, sondern auch Ehrengäste aus dem Ausland wie der PLO-Führer Jassir Arafat, der Präsident von Nicaragua, Daniel Ortega, oder der russische Staatschef Michail Gorbatschow. Diese Ehrenparade der Nationalen Volksarmee war die letzte ihrer Art, denn einen Monat später läutete der Fall der Berliner Mauer das Ende der DDR ein.

Geht man das letzte Stück zu Fuß Richtung Alexanderplatz, gelangt man am Ende der Karl-Marx-Allee zum Haus des Lehrers mit der Adresse Alexanderplatz 4. Unmittelbar daneben befindet sich das BCC, das Berlin Congress Center, mit seinem auffälligen Kuppeldach.

Bemerkenswert am Haus des Lehrers ist vor allem das von Walter Womacka gestaltete große Mosaik, das das Gebäude in Höhe des dritten Obergeschosses umgibt. Es ist sieben Meter hoch, 127 Meter lang, besteht aus über 800.000 Steinchen und trägt den Titel »Unser Leben«. Es soll eines der größten Kunstwerke Europas sein.

Während zu DDR-Zeiten das Gebäude tatsächlich unter anderem als Treffpunkt für Lehrer genutzt wurde, ist es heute ein Bürogebäude mit gewerblichen Mietern. Das danebenstehende Kongresszentrum gehört mit zu dem Komplex und wird nach wie vor als Veranstaltungsort genutzt.

Das Haus des Lehrers wurde von Hermann Henselmann entworfen und gebaut. Dass hinter diesem Gebäude derselbe Architekt steht wie hinter den Stalinbauten östlich vom Strausberger Platz und den Türmen des Frankfurter Tors, erstaunt. Es zeigt aber auch die vielfältige Begabung dieses herausragenden Architekten.

ANHANG

MAGISTRAT VON GROSS-BERLIN
Der Oberbürgermeister

WETTBEWERB

zur Erlangung
von Bebauungsvorschlägen und Entwürfen
für die
städtebauliche und architektonische Gestaltung
der

STALINALLEE

in Berlin

Wettbewerbsausschreibung für die Bebauung der Stalinallee im originalen Wortlaut

Bedingungen für den

Wettbewerb

zur Erlangung von Bebauungsvorschlägen und Entwürfen für die städtebauliche und architektonische Gestaltung der Stalinallee in Berlin

Vorbemerkung

Der Magistrat von Groß-Berlin schreibt einen Wettbewerb zur Erlangung von Entwürfen für die städtebauliche und architektonische Gestaltung der Stalinallee in Berlin aus.

Zugelassen zum Wettbewerb sind alle Architekten der Deutschen Demokratischen Republik und Gesamtberlins.

Der Wettbewerb ist die erste große baukünstlerische Aufgabe mit dem Ziel, für den Neuaufbau Berlins an entscheidender Stelle die architektonische Lösung zu finden, die der Bedeutung der Hauptstadt Deutschlands entspricht.

Grundlage für den neuen Ausdruckswillen ist unsere neue Gesellschaftsordnung, die den Kampf um ein friedliebendes, demokratisches und einheitliches Deutschland zum Inhalt hat.

Der Fünfjahrplan gibt auf wirtschaftlichem und kulturellem Gebiet die Voraussetzungen, mit dem großzügigen Neuaufbau Berlins zu beginnen.

Die deutschen Künstler und mit ihnen die Architekten stehen im unversöhnlichen Kampf gegen den Formalismus, der eine Verfallserscheinung des Imperialismus ist. Unsere Architekten müssen sich in ihren Werken von dem Optimismus unseres Aufbaus, der den wahren Interessen des Volkes dient, leiten lassen.

Die neuen realistischen Ausdrucksformen können nur auf der Grundlage des kritischen Aneignens des Kulturerbes, in erster Linie der Kulturtraditionen des eigenen Volkes, gefunden werden, im bewußten Gegensatz zu den kosmopolitischen Anschauungen, die im Interesse der amerikanischen Weltherrschaftsideen auch in der Architektur jegliche nationale Eigenart ablehnen.

Auch Berlin hat seine wertvollen Bautraditionen, die mit den Namen Schlüter, Knobelsdorff, Gilly, Langhans und Schinkel verknüpft sind. Ihre Bauwerke legen noch heute Zeugnis ab von dem fortschrittlichen Geist und dem großen Können dieser bedeutenden Meister der deutschen Baukunst.

Im kapitalistischen Berlin wurden die Arbeiterviertel mit ihren Mietskasernen im Osten der Stadt zum städtebaulichen Schandfleck der Hauptstadt Deutschlands. Die Neuplanung und der Neuaufbau sehen in erster Linie eine grundlegende Veränderung dieses Stadtteils vor.

Die Stalinallee, die wichtigste Verkehrsader in Berlin, erschließt die Arbeiterviertel des östlichen Stadtgebietes. Sie mündet am Strausberger Platz in das Ringstraßensystem, das das Zentrum einschließt. Sie findet ihre Fortsetzung in dem Straßenzug Strausberger Platz, Alexanderplatz, Rathausstraße, Marx-Engels-Platz und Unter den Linden. Diese Linienführung ist als architektonische Achse des Zentrums von besonderer städtebaulicher Bedeutung. Die Stalinallee ist weiter die wichtigste Aufmarschstraße des östlichen Stadtgebietes für Kundgebungen und Demonstrationen im Zentrum und für den traditionellen Aufmarsch zu den Gräbern der großen Sozialisten auf dem Zentralfriedhof in Friedrichsfelde.

Entsprechend ihrer Bedeutung soll die Stalinallee eine repräsentative Gestaltung erfahren, die einmal durch die Breite der Straße und die Höhe der Bebauung und zum anderen durch die architektonische Komposition und Gestaltung der Baukörper zum Ausdruck kommen soll.

In der Architektur der Wohnbauten sollen die besten Berliner Bautraditionen kritisch ausgewertet werden. Die neuerstellten Wohnbauten an der Stalinallee entsprechen nicht den gestellten Anforderungen. Ihre mechanische Aneinanderreihung von Wohnungstypen entbehrt jeglicher städtebaulichen Komposition und des architektonischen Ausdrucks. Bei den Entwürfen soll daher auf eine gute Gliederung der Baukörper und auf die Durchbildung der architektonischen Details besonderer Wert gelegt werden. (Balkone, Loggien, Erker, Gesimse, Hauseingänge, Fenster, Sockel usw.)

Unterlagen

Als Unterlagen werden den Bewerbern zur Verfügung gestellt:

1. Ein Übersichtsplan des Bezirks Friedrichshain mit Kennzeichnung des Wettbewerbsgebietes und mit Darstellung des gegenwärtigen Straßennetzes.
2. Ein Lageplan im Maßstab 1 : 2000 mit Eintragungen der vorgeschlagenen Verkehrsplanung, der neuen Fluchtlinien und des Gebäudebestandes. Der Plan zeigt ferner die Eingliederung der anschließenden Wohngebiete in die geplanten Wohnbezirke.
3. Ein Lageplan des Teilgebietes zwischen Fruchtstraße und Warschauer/Bersarinstraße im Maßstab 1 : 500. In diesem Lageplan sind der Bestand an Altbauten und die bereits errichteten sowie die im Bau befindlichen Neubauten eingetragen.
4. Ein Querschnitt durch die Stalinallee bei der Mögliner Straße im Maßstab 1 : 200, mit Eintragungen der neuen und alten Baufluchten. Dieser Querschnitt gilt als bindende Unterlage für die Bearbeitung.
5. Eine technische Beschreibung betreffend Baugrund, Grundwasser, Versorgungsnetz usw.

Die Aufgabe

Die Aufgabe des Wettbewerbs ist:

Die städtebauliche Lösung des Straßenzuges Stalinallee zwischen Strausberger Platz und Bersarin-/Warschauer Straße einschließlich der Platzgestaltungen an den Kreuzungen. Andere Vorschläge für die Verkehrslösungen an den Kreuzungen stehen im Ermessen der Teilnehmer. Ausgangspunkt des Bebauungsvorschlages ist das geplante Profil unter Beibehaltung der bestehenden Fahrbahn und unterirdischen Anlagen und einer einseitigen Verbreiterung nach Norden mit einer durchschnittlichen Breite von 75 m zwischen den Baufluchten. Die Höhe der Bebauung soll im allgemeinen nicht unter acht Geschosse betragen. Es soll an eine gegliederte Randbebauung gedacht werden, wobei die Ost-West-Richtung der Straße zu betonen ist. Die eingetragenen Baufluchtlinien stellen also den Mindestabstand zwischen den Baufluchten dar. Neben den Neubauten ist auf den vorhandenen Altbaubestand so weit Rücksicht zu nehmen, daß eine Erstellung der Neubauten in Teilabschnitten möglich ist und die Stalinallee nach einem späteren Abriß der Altbauten durch Erstellung der restlichen Bauabschnitte eine endgültige Gestaltung findet.

Der Grünzug vom Friedrichshain über die in Zukunft aufzulassenden Friedhöfe im Gebiet zwischen Frieden- und Fruchtstraße soll später einmal an die Stalinallee angeschlossen werden.

Die in der Stalinallee zu errichtenden Gebäude sollen Wohnhochhäuser sein, in deren Erdgeschossen vorwiegend auf der Südseite der Stalinallee repräsentative Läden überörtlicher Bedeutung vorzusehen sind. In die Bebauung sind ferner einzubeziehen: 2 Kinos mit je 1000 bis 1200 Plätzen (wovon ein Kino mit Bühne auszustatten ist) und einige Gaststätten und Cafés, für deren Lage die Nordseite der Straße besonders geeignet erscheint. Zur Entlastung des Durchgangsverkehrs sind für den Ortsverkehr (Anlieferung zu den Läden, Versorgung der Wohnhochhäuser) Anliegerstraßen erforderlich.

Die Planung sieht in den angrenzenden Wohnbezirken eine Nettowohndichte von etwa 500 Einwohnern je Hektar vor, wobei längs der Stalinallee selbst eine höhere Wohndichte möglich ist.

Wohnungsgrößen:	Vorwiegend 2- und 3-Zimmer-Wohnungen. Ein geringer Prozentsatz 4-Zimmer-Wohnungen.
Zweizimmerwohnungen:	Wohnfläche max. 40 qm, Nutzfläche max. 67 qm.
Dreizimmerwohnungen:	Wohnfläche max. 50 qm. Nutzfläche max. 83 qm.

Die Mindestgröße für Zimmer 12 qm.

Nähere Angaben über die Ausstattungen der Wohnbauten und Läden siehe technische Beschreibung.

Geforderte Leistungen der Teilnehmer

1. Ein Lageplan im Maßstab 1 : 2000 mit Eintragung der Bebauung, des Anliegerverkehrs und der Begrünung.
2. Je ein Massenaufbauplan (Abwicklung) der beiden Straßenfronten 1 : 500.
3. Ein Teilbebauungsplan (Abschnitt Fruchtstraße, Bersarin-/Warschauer Straße) im Maßstab 1 : 500, mit schematischer Eintragung der Wohnungseinheiten, der Aufschließung und Begrünung.
4. Grundrisse, Fassaden und Schnitte eines typischen Teiles des unter 3. genannten Bauabschnittes im Maßstab 1 : 200, und zwar Erdgeschosse und Obergeschosse, soweit zur Erläuterung erforderlich. Bei der Lösung der Grundrisse sind aus wirtschaftlichen Gründen Mehrspänner anzustreben. Da zunächst nur auf Ziegelbauweise zurückgegriffen werden kann, ist Rücksicht auf die Anwendung neuzeitlicher Maurermethoden zu nehmen. Dachkonstruktionen, Treppenhäuser, Deckenkonstruktionen sollen die Verwendung genormter Fertigbauteile ermöglichen.
5. Zwei Schaubilder, und zwar eine Vogelschau des gesamten Abschnittes mit der Blickrichtung zum Stadtzentrum und ein typisches Schaubild des Teilabschnittes. Die Blattgröße aller Zeichnungen und Schaubilder muß einheitlich —,90 m Höhe innehalten. Alle Zeichnungen sind in Schwarz-weiß-Technik einzureichen, dabei können Grünflächen farbig angelegt werden. Fassaden und Schaubilder sollen nach Möglichkeit farbig dargestellt werden.

Weitere Zeichnungen und Schaubilder als die geforderten und Modelle werden von der Beurteilung ausgeschlossen und dem Preisgericht nicht vorgelegt.

Preise und Ankäufe

Für Preise und Ankäufe sind ausgesetzt:

Ein 1. Preis von	DM 50 000,—
ein 2. Preis von	DM 30 000,—
ein 3. Preis von	DM 20 000,—
und 7 Ankäufe à DM 5 000,—	DM 35 000,—
insgesamt	DM 135 000,—

Das Preisgericht hat das Recht, die ausgesetzte Summe im Bedarfsfalle auch anders aufzugliedern.

Preisgericht

Das Preisgericht haben übernommen

als beratende Mitglieder:

Vertreter der demokratischen Massenorganisationen und Aktivisten.

als Preisrichter:

1. Oberbürgermeister Friedrich Ebert, Berlin;
2. Stadtrat Bruno Baum, Berlin;
3. Walter Pisternik, Hauptabteilungsleiter im Ministerium für Aufbau, Berlin;
4. Edmund Collein, Vizepräsident der Deutschen Bauakademie, Berlin;
5. Prof. Henn, Technische Hochschule, Dresden;
6. Fritz Reuter, 1. Vorsitzender der IG Bau—Holz, Berlin;
7. Dozent R. R. Wagner, Hochschule für Architektur, Weimar;
8. Frau Roberta Gropper, Vorsitzende des Demokratischen Frauenbundes, Berlin.

Die Entscheidung des Preisgerichtes ist unanfechtbar.

Vorprüfung

Die Sichtung und Vorprüfung der eingegangenen Entwürfe sowie die Vorarbeiten für das Preisgericht werden durch das Hauptamt Stadtplanung, Magistrat von Groß-Berlin, vorgenommen und durch die Herren Hennig und Menzel durchgeführt.

Allgemeine Bedingungen

Termine

Die Entwürfe sind bis zum 31. Juli, mittags 12 Uhr, an das Hauptamt Stadtplanung, Berlin C 2, Klosterstraße 47/59, Zimmer 378, einzureichen.

Mit der Post abgesandte Entwürfe müssen durch den Aufgabestempel den gleichen Termin nachweisen.

Kennzeichnung

Jedes Blatt der eingereichten Entwürfe und jedes Schriftstück erhält in der rechten oberen Ecke eine sechsstellige Kennziffer in der Größe von 1 cm Höhe und 5 cm Länge. Der Name des Verfassers wird in einem undurchsichtigen Umschlag mit derselben Kennziffer dem Entwurf beigefügt. Handschriftliche Eintragungen auf Zeichnungen und Schriftstücken und auf dem Umschlag sind nicht gestattet und führen zum Ausschluß der eingereichten Arbeiten.

Sonstiges

Die Wettbewerbsunterlagen sind gegen eine Gebühr von DM 20,— zu erhalten beim Magistrat von Groß-Berlin, Abteilung Aufbau, Hauptamt Stadtplanung, Berlin C 2, Klosterstr. 47, Zimmer 378 — Fernruf 42 00 51, Hausanschluß 402 — oder gegen Voreinsendung des Betrages von DM 20,— an Berliner Stadtkontor, Berlin C 111, Kurstraße, oder auf dessen Postscheckkonto Berlin NW Konto Nr. 8 unter dem Kennwort „Wettbewerb Stalinallee". Die Gebühr wird jedem Teilnehmer am Wettbewerb in voller Höhe zurückerstattet. Bewerber, die auf eine Teilnahme am Wettbewerb verzichten, erhalten bei Rücksendung der vollständigen Unterlagen bis zum 21. Mai die Hälfte der Gebühr zurück.

Rückfragen von grundsätzlicher Bedeutung über den Wettbewerb und die Ausschreibungsbestimmungen sind bis zum 15. Juni an das Hauptamt Stadtplanung zu richten. Die Anfragen werden gemeinsam beantwortet und allen Teilnehmern, deren Anschrift bekannt ist, zugesandt.

Alle rechtzeitig eingegangenen Arbeiten werden 14 Tage öffentlich ausgestellt.

Die nicht prämiierten oder angekauften Entwürfe werden auswärtigen Teilnehmern nach Schluß des Wettbewerbs zurückgesandt. Die preisgekrönten und angekauften Entwürfe gehen in den Besitz der Stadt Berlin über, wobei dem Verfasser das Recht der Veröffentlichung verbleibt.

Durch seine Teilnahme am Wettbewerb erkennt der Verfasser die Bedingungen der Ausschreibung an.

Berlin, den 25. April 1951.

Magistrat von Groß-Berlin
Ebert
Oberbürgermeister

Technische Angaben zum Wettbewerb Stalinallee

Die im vorgesehenen Teilabschnitt (Ziff. 3) verlaufende Stalinallee liegt im Kreuzpunkt Fruchtstraße auf Ordinate 35,68 m und im Kreuzpunkt Warschauer/Bersarinstraße auf Ordinate 37,02 m. Die Straße wird zweibahnig mit je 9 m Breite und einem Mittelgrünstreifen von 6,44 m Breite geführt. Die neue nördliche Baufluchtlinie liegt von der Grünstreifenmitte 56,50 m entfernt. Auf der Südseite sind die alten Baufluchtlinien beibehalten; sie variieren in ihrem Abstand von Mitte Grünstreifen zwischen 18,33 und 24,75 m.

Baugrund:

Fundamentreste der Altbebauung, mittelguter Baugrund, Feinsand.

Grundwasserspiegel 3,85 m bis 5,40 m.

Zulässige Bodenpressung 2,5 kg/qcm.

Entwässerung:

Ausreichendes Ortsnetz.

Nutzwasser:

Druckverhältnisse normal, über 7 Geschosse Pumpanlage mit Speicher notwendig.

Gasanschluß:

Druckverhältnisse ausreichend.

Heizanlage und Heißwasserversorgung:

Zentrale Versorgung durch eine Heizanlage auf der Nordseite mit gasbeheizten Kesseln vorgesehen. Später evtl. Anschluß an ein Fernheizwerk. Warmwasserpumpheizung und zentrale Heißwasserbereitung.

Kesselhausgröße etwa 450 qm.

Gasabzugsschornstein über höchstes Geschoß führen. Querschnitt etwa 9 × 50 × 60.

Installation:

Anordnung von Installationspaketen als vorfabrizierte Steigstränge der Versorgungs- und Abwasserleitungen etwa 20 × 50 cm groß. Zusammenlegung der zu installierenden Räume notwendig.

Installationsgegenstände:

Küchenherde elektrisch, Größe 50 × 60 cm mit zweiseitigen Abstellplatten je 15 cm breit. Wannen 0,75 × 1,70 cm groß. Handwaschbecken 0,31 × 0,51 cm groß. 28,5 cm hoch. Ausgußbecken Küche als Doppelbecken 0,42 × 0,80 cm groß, Klosettbecken 0,37 × 0,48 cm groß.

Müllschluckanlagen:

Schachtgröße 30 × 40 cm oder 45 cm im Durchmesser gemauert oder Tonrohre. Entlüftung über Dach. Abgeschlossener Müllsammelraum im Keller mit Einfüllvorrichtung für die Müllkästen, Feuerschutzeinrichtung. Bis 50 Haushalte an einem Abwurfschacht möglich.

Feuerschutz:

Zapfstellen für Löschwasser mit Schlauchanschlußstutzen im Treppenhaus. Hochhäuser über 22 m mit Fluchtleitern in den oberen Geschossen.

Fahrstühle:

Selbstfahrer 4 Personen, Fahrkorbgröße 1,075 × 1,270 m, lichte Schachtgröße 1,50 × 1,40 m, Motorenraum über Fahrstuhlschacht.

Ladeneinbauten der HO im Teilabschnitt:

Durchlaufende Ladengeschosse im Erdgeschoß

1200 qm Ladenfläche,
400 qm Nebenräume,
100 Mann Personal.

Einzelläden

710 qm Ladenfläche,
450 qm Nebenräume,
166 Mann Personal.

Verwaltung

270 qm Bürofläche,
70 Mann Personal.

Lager

1000 qm Lagerfläche,
66 Mann Personal.

Aufenthalts- und Speiseraum

450 Personen (insgesamt).

Küche

mit Büfett — 50 qm —.

Ärztliche Betreuungsstelle

3 Räume, insgesamt 60 qm.

Wäschereianlage (auf der Nordseite):

für 1200 Personen.

Beheizung von Zentralheizanlage, später Fernheizwerkanschluß, Anlage mit Waschkojen für Selbsthilfe und Waschmaschinenraum, Mangelraum, Trockenraum, Plättraum, Gardinenspannraum. Gesamtgröße etwa 650 qm.

87/2 VEB Berliner Druckhaus Linienstraße 6680

A. f. I. B. 228 529/51

Ausgewählte Literatur-Tipps

Berliner Zeitung, Geschichtsmagazin B-History 4/2022: »Zuhause in Berlin«. S. 114–121.

Butter, Andreas: Neues Leben, Neues Bauen. Die Moderne in der Architektur der SBZ/DDR 1945 bis 1951. Berlin 2006.

Butter, Andreas/Kirsch, Hans-Joachim/Preuß, Erich: Berlin Ostkreuz. München 2000.

Engel, Helmut/Ribbe, Wolfgang (Hg.): Karl-Marx-Allee, Magistrale in Berlin. Die Wandlung der sozialistischen Prachtstraße zur Hauptstraße des Berliner Ostens. Berlin 1996.

Hoffmann, Katharina: »Vom Volk für das Volk« – die Utopie der sozialistischen Architektur am Beispiel der Stalinallee. Eine Studienarbeit. München u.a. 2009.

IRS – Institut für Regionalentwicklung und Strukturplanung (Hg.): Reise nach Moskau. Quellenedition zur neueren Planungsgeschichte. Berlin 1995.

Klapch, Thorsten/Nowotnik, Michaela: Mein Stalinbau. Berlin 2021.

Kurzchalia, Helga: Haus des Kindes. Berlin 2021.

Landesdenkmalamt Berlin (Hg.): Karl-Marx-Allee und Interbau 1957. Berlin 2017.

Obeth, Alexander/Nikolaus, Herbert: Die Stalinallee – Geschichte einer deutschen Straße. Berlin 1997.

Peters, Paulhans: Eine Zukunft für die Stalinallee. Hamburg o.J.

Puhlmann, Gerhard: Die Stalinallee (Fotos vom Nationalen Aufbauprogramm 1952). Berlin 2022.

Queisser, Ylva/Tirri, Lidia: Leben hinter der Zuckerbäckerfassade. Erstbewohner der Karl-Marx-Allee erzählen. Berlin 2003.

Treber, Leonie: Mythos Trümmerfrauen. Von der Trümmerbeseitigung in der Kriegs- und Nachkriegszeit und der Entstehung eines deutschen Erinnerungsortes. Essen 2014.

Ausgewählte Film-Tipps

Das Leben der Anderen
(Spielfilm 2006, 137 Minuten lang)
In der DDR des Jahres 1984 wird ein Schriftsteller zum Ziel von Stasi-Überwachung.

Zwei Tage Hoffnung
(Spielfilm 2003, 90 Minuten lang)
Im geteilten Berlin 1953: Die Familie Kaminski lebt zum Teil in Ostberlin und zum Teil in Westberlin. Vater Kaminski arbeitet als Bauarbeiter in der Stalinallee und wird Teil der Geschehnisse des 17. Juni 1953.

Geschichte einer Straße
(DEFA 1954, 85 Minuten lang)
Ausschnitte aus alten, originalen Filmberichten in der DDR, die sich zu insgesamt 85 Minuten Länge summieren. Sehr sehenswerte Filmaufnahmen, mit interessanter Propaganda-Kommentierung, die oft so dick aufträgt, dass es schon fast lustig ist.

Spur der Steine
(DEFA 1966, 140 Minuten lang)
Auch wenn es dabei nicht direkt um die Stalinallee geht, aber doch um die Zustände auf einer anderen Baustelle ist dieser Film interessant anzusehen. Wenige Wochen nach der Uraufführung wurde der Film in der DDR verboten, weil er renitente Arbeiter zeigt, die mit der starren Planwirtschaft nicht zurechtkommen – so wie die Arbeiter an der Stalinallee 1953.

In einem Land, das es nicht mehr gibt
(Spielfilm 2022, 100 Minuten lang)
Ostberlin 1989: Die rebellische 18-jährige Suzie wird Fotomodell bei der DDR-Frauenzeitschrift »Sibylle«.

Danksagung

Kein Buch entsteht als Leistung nur einer Person, jedes Buchprojekt braucht nicht nur einen Autor, sondern auch die Unterstützung von vielen anderen Menschen und von Institutionen und dies trifft natürlich auch auf dieses Buch zu.

Zu den Menschen, die mir besonders geholfen haben, gehört vor allem Andreas Butter, ehemals Mitarbeiter des IRS (Institut für raumbezogene Sozialforschung) und einer der besten Kenner der Materie, wenn es um die Stalinbauten und deren Geschichte geht. Für dessen Hinweis auf wichtige Quellen und für dessen Fachlektorat bin ich unendlich dankbar. Zu Dank verpflichtet bin ich auch seinem Kollegen im IRS, Alexander Obeth, nicht nur für die Ratschläge, die er mir persönlich gegeben hat, sondern für sein Buch, das er zusammen mit Herbert Nicolaus 1997 über die Stalinallee geschrieben hat und das bis heute das umfangreichste und wohl auch vollständigste Kompendium der Geschichte der Stalinbauten ist.

Zu den Institutionen, die mich zu diesem Buch inspiriert haben, gehört vor allem der Stalinbauten e.V., dessen Vereinspräsident Achim Bahr mir in vielen Gesprächen wichtige Hinweise und Details mit auf den Weg gegeben hat und dessen Energie für den Denkmalschutz für mich immer sehr motivierend war.

Danken möchte ich aber auch der Deutschen Stiftung Denkmalschutz für ihre Offenheit dieses Projekt zu fördern und dem BeBra Verlag und seinen Mitarbeitern für die Mühe bei der Umsetzung des Buchprojekts auf dem Weg vom Manuskript zum publizierten Buch.

Es gäbe noch zahlreiche andere Menschen und Institutionen zu nennen, ohne die dieses Buch nicht möglich gewesen wäre und die alle der feste Wille vereint, dieses Baudenkmal zu bewahren und seine Geschichte einem möglichst breiten Publikum nahezubringen. Diesem Zweck dient auch dieses Buch.

Bildnachweis

Adobe Stock: 2, 128/129, 165 (u.), 167, 173

akg-images: 8/9, 14 (o.; Fotoarchiv für Zeitgeschichte), 17, 26 (l.; Sammlung Berliner Verlag/Archiv), 26/27 (Mitte), 27 (r.), 28 (Universal Images Group/Sovfoto), 33, 34 (Universal Images Group/Sovfoto), 50 (r.), 53 (Sammlung Berliner Verlag/Archiv), 65 (o. r. und u. r.), 67 (Bildarchiv Pisarek), 126 (Stefan Trappe), 161 (o.), 171, 173

Bildagentur frontalvision.com: 78, 80, 81

bpk/Deutsches Historisches Museum: 13

Bundesarchiv: 41 (o.; Bild 183-24447-0003; Foto: Krueger)

Butter, Andreas: Neues Leben, Neues Bauen. Berlin/Tübingen 2006: 20

Die Lounge im Turm des Frankfurter Tor 9/Hans-Georg Oelmann: 91 (r.)

Engel, Helmut/Ribbe, Wolfgang (Hg.): Karl-Marx-Allee, Magistrale in Berlin. Berlin 1996: 69, 71 (o.), 79, 88 (u. r.), 98 (l.), 100

Geist, J. F./Kürvers, K.: Das Berliner Mietshaus 1945–1989, München 1989: 111

Gemeinfrei: 30, 45, 51, 75, 83, 88 (o. r.), 95, 137 (o.)

Gericke, H.: Kritische Einschätzung der Stalinallee Berlin. Rohmanuskript. Institut für Theorie und Geschichte der Baukunst an der Deutschen Bauakademie. Berlin 1954: 85 (o.), 87, 153 (o. r.)

Gruenler, Christian: 21, 52 (r.), 76, 86, 91 (l. u. Mitte), 97, 104, 105, 106, 107, 108, 109, 115 (u.), 121, 122, 123, 133, 134, 135, 136, 137 (u.), 138, 140, 141, 143, 145, 146, 148, 150, 151 (o. l.), 153 (o. l. und u.), 154, 156, 157, 158, 159 (u.), 160, 161 (u.), 163, 165 (o. und Mitte), 166 (o. r.), 169, 170, 172

Historisches Archiv der BVG: 15 (o.)

Huber Kartographie: 10, 11, 36/37, 43, 96, 130/131, 132, 139, 142, 144, 147, 149, 152, 159 (o.), 162, 164, 168

Imago Images: 72

Janotta, Marielle: 31

Landesdenkmalamt Berlin (Hg.): Karl-Marx-Allee und Interbau 1957. Berlin 2017: 151 (u. l.)

Leibniz-Institut für Raumbezogene Sozialforschung (IRS) e. V.: 14/15 (u.), 18, 19, 42, 47, 49, 50 (l.), 52 (l.), 54, 55, 58, 65 (o. l.), 66, 71 (u.), 73, 82, 88 (o. l. und u. l.), 89, 82, 113 (u.), 114, 115 (o.), 151 (r.), 166 (o. l., u. l. und u. r.), 174–179

Lindner, Michael: 119

Nicolaus, Herbert/Obeth, Alexander: Die Stalinallee. Geschichte einer deutschen Straße. Berlin 1997: 25, 41 (u.), 44, 84/85 (u.), 101, 112 (l.), 112 (r.), 113 (o.)

Meißner, Alice: 68 (r.), 93

Peters, Paulhans: Eine Zukunft für die Karl-Marx-Allee. Hamburg 2022: 120

picture alliance: 6 (Bildagentur-online/Schoening), 24 (ZB/Günter Höhne), 65 (u. l.; ZB/ddrbildarchiv.de)

Puhlmann, Gerhard: Die Stalinallee. Nationales Aufbauprogramm 1952. Berlin 2022: 57, 68 (l.)

Sollten trotz sorgfältiger Nachforschungen nicht alle Rechteinhaber korrekt ermittelt worden sein, so bitten wir um Mitteilung an den Verlag.

Über den Autor

Christian Gruenler ist Politikwissenschaftler, Experte für internationale Politik und Stiftungsmanager. Seine Faszination für die »Stalinbauten« führte zu einer intensiven Beschäftigung mit Geschichte und Architektur der DDR.

MIX
Papier aus verantwortungsvollen Quellen
FSC® C014138
www.fsc.org

Bibliografische Information der Deutschen Nationalbibliothek
Die Deutsche Nationalbibliothek verzeichnet diese Publikation
in der Deutschen Nationalbibliografie; detaillierte bibliografische Daten
sind im Internet über http://dnb.d-nb.de abrufbar.

Asternplatz 3, 12203 Berlin
post@bebraverlag.de
Lektorat: Marijke Leege-Topp, Berlin
Umschlag: typegerecht berlin (Foto: akg-images)
Satz: typegerecht Berlin
Schriften: Brother 1816, Adriane Text
Druck und Bindung: Finidr, Český Těšín
ISBN 978-3-8148-0292-3

www.bebraverlag.de